抱え込まない子育て

——発達行動学からみる親子の葛藤

根ヶ山光一
Koichi Negayama

岩波新書
2037

はじめに

最近『母親になって後悔してる』(ドーナト 二〇二二)という本が出て話題となった。いわく「子どもを持ったことは後悔していない。後悔しているのは母親になったことだ」。しかしながら、母親のこうした嘆きはとりたてて目新しいものではなく、これまでも繰り返し漏れ聞こえてきたものである。こういう恨み言を母親が公然と口にでき、社会もそれを冷静に受けとめられるようになってきたということなのであろう。

子育ては楽しいことばかりではなく、親を悩ませることも多い。まず、子どもをいつ何人産むのがよいか、つまり家族計画に悩む。そして妊娠がわかると妊婦としての立ち居振る舞いに細心の注意を払い、食べ物も慎重に選択しなくてはならなくなる。どの病院でどんな医師に診察を受け、どこで産むかに迷う。生まれる子どもが男の子か女の子か、健康に生まれてくれるかにも気をもまされる。

生まれてきたらきたで、母乳は足りているか、子どもはちゃんと飲んでくれるか、下痢はしないか、病気をしないか、ケガに遭わないか、抱いた子どもを落としたりお風呂で溺れさせたりしないか、添い寝して下敷きにしてしまわないか、離乳食はいつからどのようにして始めようか、栄養は偏っていないか、職場復帰はいつにしようか、保育所になじむか、甘やかしすぎてはいないか、スキンシップは足りているか、上の子との関係はうまくいくか……など悩みには切りがない。

つまり、ありとあらゆることが悩みの種になるといってもよく、子育ては困難の連続ともいえる。子育てはわからないことばかりで、手探りの連続である。しかも自分の選択が子どもの将来の幸不幸、それどころか生死までも左右するかもしれない。このように大きな責任と選択の難しさをともなう子育てを、それでも喜びをもってやり遂げようとするのは、なんといっても子どもがかわいく、大切だからである。

子どものかわいらしさは、眼の中に入れても痛くないといわれるほどである。親はそのかわいらしさにメロメロになり、子どもの笑顔のためならあらゆる犠牲を厭《いと》うまいと思う。ロシアによるウクライナ侵攻やイスラエルによるガザへの攻撃などで、いたいけな子どもが泣き叫ぶ姿をニュースで見るたびに、胸をかきむしられるような悲しみと怒りを覚える。子どもは天使にもたとえられ、無垢で幼弱な子どもを守ることは、おとなの絶対的な責務であるとされる。

無力な子を優しく守るということは、親として当然のことと思われる。そしてそのように接すると、子どもは親に信頼と愛情を感じるようになり、親子の絆が強く形成されることも期待できるであろう。その子どもが自分になついてくれれば無上の喜びとなる。

しかし当然のことながら、子どもはいつも愛らしくて従順であるとは限らない。ときに言うことをきかず反抗的で腹立たしくもある。寝てほしいのに寝てくれない。食べてほしいのに食べてくれない。静かにしてほしいのに騒ぐ、口答えする、親を挑発するといったわが子の姿は日常茶飯事である。やってほしいのに子どもがやろうとしない、やってほしくないのに子どもが何かをしでかす。そうした子どものふてぶてしい態度は親の沽券《こけん》にかかわる。子育てを楽しくすばらしいものとしか予想していないと、そこに多くの大変さがあり、意のままにならないことの連続であるという事実に直面して愕然《がくぜん》とするかもしれない。

子どもは社会的に弱い立場にあり、おとなや社会の側がさまざまな権利を保障して守り育んでいくことが大切であるし、そうした考え方自体は世界的に広く認められている。ただし、子どもを弱い存在としてのみとらえ、おとなが一方的に保護しなければならないとするだけでは、日々の親子関係や子育てにおいて別の問題が生じかねない。

二〇二三年一〇月に埼玉県の自民党県議団が県議会に提出した「虐待禁止条例改正案」では、

一人で留守番や遊びをさせてはいけないなど、子どもを守るための内容が列挙されていた。しかしこのことが報じられるやいなや、子育て中の保護者らから猛反発を受けて撤回を余儀なくされた。子育ては親に対して「子どもを守れ」というスローガンを掲げるだけで済む話ではなく、同時に母親や父親の大変さも考慮すべきことを示している。

こうした事例にみられるように、日本社会では、子どもの保護やしつけなどに対して、親や家庭の責任が厳しく問われる傾向が強い。そうしたなかで、親があれもしなければ、これもしなければと多くのことを抱え込んでしまい、そのことが親を苦しめる。

二〇二三年四月、こども家庭庁が発足した。家庭と親を重視し、子どもを真ん中に置く「こどもまんなか社会」をめざそうとしている。子どもと親にとっては心強いことであり、その成果を見守りたい。ただし、その試みがうまくいくためには、子どもという生き物、親と子どもの関係、子どもが生活する家庭や地域の環境といったさまざまなことがらの本質を正しく理解し、それをもとに「こどもまんなか社会」の意味を具体的に吟味することが必要不可欠である。そうすることによって、現在子育て中の親とその子がもつ苦悩はずいぶん軽減できるに違いない。

私は動物との比較を起点にしてヒトの行動発達の特性を調べる発達行動学を長年研究してき

た。親子関係は、普段あまり自覚されない私たちの動物的側面の一つである。その事実を軽視することが私たちの子育てに落とし穴を生んでいるように思われる。イヌやネコの子育てにはそれほど悩みや迷いがあるようにはみえず、むしろ堂々と子どもを育てている。動物が行っていることをなるべく曇りのない目でみてそれに学ぶことは、その落とし穴がどういうものであるかの理解を助けてくれる一つの有力な手法である。

本書はそのような意図のもとに、発達行動学の立場から動物としての属性に照らしつつ私たちの子育てを直視し、それを今日の子育ての悩みと関連づけて、その解消を図ろうとする試みである。

目次

※本書内の図版(写真)で出典の明記がないものは著者による提供

第1章
ヒトの子育ての本質
――分離と保護の両立

まずは、自分たちがどういう子育てを行う動物であるのかを問う作業から始めよう。動物の安易な擬人化とヒトの不用意な動物視には注意が必要だが、進化の過程についての知見をふまえて動物とヒトの間にある共通性や独自性を丁寧に議論することは、私たちの確たる道しるべになる。現在多くの人が直面している子育ての困難は、ヒトも動物であるという自らの根本を見失っていることに由来する側面が多々あるのではないか。本章では、ヒトの親子の実像を直視することから始めたい。

1　動物としてのヒトの子育て

ヒトは哺乳類であり霊長類である。哺乳類には哺乳類なりの、そして霊長類には霊長類なりの共通した特徴があり、それを私たちも共有している。ヒトの子育てのベースを確認する際には、まずその共通点を知ることが不可欠である。

成長途上の子どもは親によって守り育てられる。親は子どもを保護しようとし、子どもは親に守ってもらおうとする。すなわち親と子どもには近づき合おうとする性質がある。だが、その一方で、親子は離れて別々のことを行い、いずれ分離独立するという性質もある。前者の性質を「求心性」と呼び、後者の性質を「遠心性」と呼ぶ。親子関係には、この二つの相反する性質がともに存在していると知ることが何よりも重要である。日々の生活の中で、親子は求心性と遠心性の間を揺らぎつつ、徐々に求心的存在から遠心的存在へと移っていく。

以下の議論では、まず、必要に応じてヒトにも言及しながら、哺乳類と霊長類の親子において求心性と遠心性がどのように実現されているか、またそれがどのような駆け引きを親子に生んでいるかを検討する。

哺乳類としての性質――二つの繁殖戦略の存在

生物には質的に異なる二つの繁殖戦略がある。一つは、大きなからだをもち、少数の子がゆっくり時間をかけながら大きく成長し、性成熟も遅く長い寿命をもつという戦略である。もう一つは、小さいからだで、それほど時間をかけないで大きくなり、性成熟も早く、短い期間でたくさん子どもを残して早く死んでいくという戦略である。この二つの戦略には、一度に生まれる子どもの数とそれに対する親の保護の程度に大きな違いがあり、それぞれ少産保護戦略、多産戦略と呼ばれる。専門的な言い方になるが、前者は「K-淘汰（K-選択）」、後者は「r-淘汰（r-選択）」と名づけられている。

地球上には現在わかっているだけで一七五万種の生物がいるといわれ、二億三〇〇〇万年前に地球上に初めて誕生した哺乳類は、そのうちの約六〇〇〇種とされる。乳腺・子宮という雌の身体的特徴は、哺乳類が子どもを保護するべく進化してきたK-淘汰的な動物群であることを示している。哺乳類は、身体資源を母親が積極的に提供することで、子どもを雌の体内に留め、胎盤で栄養補給と酸素供給を行い、体外に産み落とした後も、母親が哺乳で栄養補給の労をとり続けつつ育てる。このことは、母親が子どもに代わってそれらの資源を確保し、それを子どもに与えることで守ってやることを意味している。

母体内の子宮で子どもを育てる哺乳類は、基本的に少産保護型（K-淘汰）の動物である。哺乳類の中では、子どもを保護する性質に種差が見られる。たとえば進化とともに子宮がよりしっかりした構造に変化し、安定して子どもを守ることができるようになっている（図1-1）。原始的な哺乳類であるカモノハシやハリモグラといった単孔類（卵を産む哺乳類）の子どもは卵殻に包まれている。へその緒を通じて母体の栄養や酸素を子どもに直接届け、子どもの老廃物を母体が処理することも可能となったのは、真獣類になってからのことである。

妊娠は子どもを母親が体内で保持し、胎盤を通じて栄養や酸素を補給して育てることであるが、子宮は限られた空間なので、それが制約条件となって子どもの数を増やすには限界がある。子どもをたくさん産もうとすれば、個々の子どもは未熟で産まざるをえない。逆に子どもの数を抑えれば、個々の子どもは母体内で大きく育てることが可能となる。子どもの総数と個々の子どもに対する保護はトレードオフの関係にあり、r-淘汰とK-淘汰はそのそれぞれを追求した繁殖スタイルである。

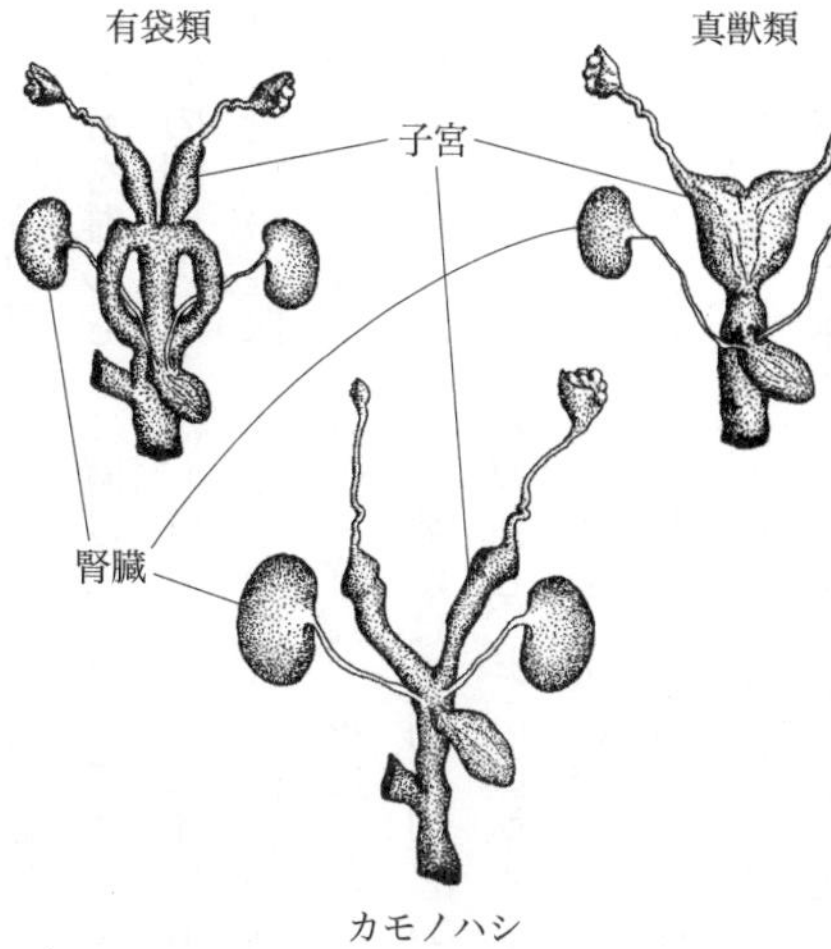

※真獣類の子宮はよりしっかりした器官となっている.
出典：Grant 1984

図1-1　哺乳類の子宮の進化

妊娠や授乳など、子どもとの身体接触をともなう保護は雌の子育てにとって必然だが、雄は必ずしもそうではない。子育てに関して雄には雄なりの重要な役割があるが、そのスタイルは多様である。雌と子どものそばに残って子育てに協力するという以外に、子どもの養育は雌に委ねて自分はその母子の支援に努める方略、もしくは子どもを雌のもとに置き去りにして離れてしまう方略もオプションとしてありえる。

雌の側からいえば、自分とともに雄にも子どもを守らせるやり方や、雄を当てにせず自分自身で食料の確保と子どもの保護・世話の両方をするというやり方も基本的な方略としてある。他方、自分は子どもから離れて雄に子どもを委ねるといったやり方は、妊娠と哺乳の必要性から成立しにくい。哺乳類には性的二型といって雄と雌の体格などに落差が大きな種と、逆にその差が小さい種とが存在し、その体格差と雄雌の行動差は相関している。

ヒトの場合、男女の問題は単に繁殖に限定されず、昨今はジェンダーの問題としても注目される。またこのところLGBTQという性の多様性の議論も盛んになされるようになってきた。さらに、ヒトの周産期には生殖補助医療(ART)の目覚ましい発達という独特の性質もある。精子バンク、体外受精や胚移植などの技術によっても、現在子どもが生まれている。これは哺乳類がかつて体験したことのなかったことであり、その自由度の大きさが私たちの親子関係に何をもたらすのかが倫理的にも問われる時代となっている。

初期からみられる子どもの能動性

母子関係の出発点は受精とそれに続く着床である。母親と父親の配偶子が結合した受精卵は、それ自身では移動能力がなく、卵管の蠕動《ぜんどう》運動という母親側の能動的な働きによって子宮まで受け身で運ばれる。そして子宮に到着した後、着床によって初めて母体と結びつく。妊娠のスタートである受精卵の子宮壁への着床は、受精卵からの積極的で化学的な働きかけによって、子宮内膜に受精卵がもぐり込んでいくことで成立する。さらにその後、受精卵から絨毛《じゅうもう》組織が伸びて、その先が胎盤になる。つまり着床と胎盤形成を母親と子どもの出会いだとすれば、その求心性の初発段階からすでに子ども側の能動性が重要な役割を果たしているのである。

母親からみて受精卵は大事なわが子であるが、免疫学上は母体にとって異物であり、臓器移植と同じ原理で、拒絶反応という母体からの遠心性の対象になる。言いかえると免疫の防御機構を抑えて、異物である子どもを母体内に留めて守るという裏技を手にしたのが哺乳類なのである。

母親にとって妊娠は大きな負担であり、その後も子どもの運搬や哺乳などの負担が続く。妊娠中に母体の血圧上昇が見られることがあり、悪くすると脳出血や子癇《しかん》など母親の命に関わる問題を引き起こすが、アメリカの進化生物学者であるD・ヘイグはこれを子どもからの母体操作のせいだと考えている(Haig 1999)。

さらにアメリカの産婦人科医であるM・Y・ダウードらも、陣痛開始のきっかけを与えているのは、子どもからのオキシトシン（主に平滑筋の収縮に関与し、分娩時の子宮収縮や授乳時の乳汁分泌を促すホルモン）の分泌であるという（Dawood et al. 1978）。

これらのことは、すでに母子関係の初期段階から、母子間には求心性と遠心性のせめぎ合いがみられ、その調整において子どもの能動性・主体性が大切な役割を演じていることを教えている。

出産は、母子の出会いというよりも、保護の空間である子宮から外界への子どもの「放出」（遠心性）であって、それにより子どもは危険にさらされる。分離が早すぎれば子どもは育つことが難しいが、かといって産道の内径という制約があるため、いつまでも子宮に留まることは難産を招き危険である。これもトレードオフの関係にある。

子どもが発育の早い段階で出生してくる性質は就巣性《しゅうそうせい》といわれ、未熟であるがゆえに巣にとどまって親の保護を受け続ける。一方、生まれるまで長く体内に留まる性質は離巣性《りそうせい》といわれ、出生直後から活発に動くので巣が不要である。就巣性の場合、赤ん坊は早く生まれるので小さくて未熟であるが、そのかわり一般的に多産である。逆に離巣性の場合、大きく育ってから生まれるため、子どもは感覚器官も開いているし運動機能も発達しており、少産保護という特徴

表1－1　哺乳間隔と乳組成の種差

種	哺乳間隔	乳組成	
		脂肪％	タンパク質％
アカカンガルー	持続的	4.0	3.9
ヒグマ	持続的	3.0	3.8
アカゲザル	要求授乳	3.9	2.1
チンパンジー	要求授乳	3.7	1.2
ヒト	要求授乳	4.0	1.3
ブタ	1時間	4.0	3.7
ラット	2〜3時間	12.6	9.2
キツネ	2〜3時間	6.3	6.2
ネコ	2〜3時間	4.9	7.1
ハリネズミ	3〜4時間	10.1	7.2
ハムスター	2〜4時間	12.6	9.0
コヨーテ	3〜4時間	10.7	9.9
ウサギ	4時間	10.4	15.5
ライオン	6〜8時間	9.5	9.4
インパラ	8〜12時間	20.4	10.8
オジロジカ	12時間	19.6	10.3

出所：Daly & Wilson 1983, Ben Shaul 1962

があてはまる。

哺乳にみるヒトの特徴

哺乳類が分泌する乳の組成には、種によって大きな違いがある（**表1－1**）。それは哺乳間隔と強く関連しており、ひいては母子の身体接触がどの程度持続するかということとも関係している。母親は身軽であった方が餌を取りやすく、子どもは足手まといとなる。

脂肪とタンパク質の含有量はほぼ相関しており、ともに乳の濃さを表している。濃度の高い乳を分泌するものは、巣や茂みなどに子どもを残し、一定の間隔を空けてまとまった授乳をするが、乳の濃度が低いものは子どもが常時母親のそばにつき従ったりしがみついたりして、自分の好きな時に摂乳（子どもが乳を飲むこと）ができ、哺乳も頻回となる。哺乳頻度と乳濃度も母体の資源が限られていることによるトレードオフであって、濃い乳の場合は母親の主導性が強く、薄い乳の場合は子どもの主導性が強い。

霊長類は母乳の濃度が低く、子どもが欲しい時に摂乳できる要求授乳タイプの哺乳類であるが、それは母子が多くの時間接触し、求める世話を子どもが得やすいことを意味する。むしろ、子どもを十分保護するために母乳が薄くなっているともいえる。

オオカミなど食肉類は離乳の一形態として、食べ物を子どもに「吐き戻し」する。親が獲得した食物をお腹の中で半消化した後で体外に戻し、それを子どもに食べさせることによって、子どもの生存を助けている。母乳を与えるのに比べると、母体による消化吸収と乳汁生産の過程が省かれ、親の負担が軽減されている。消化吸収は子どもの身体の負担となるが、吐き戻される食物の獲得と咀嚼《そしゃく》・嚥下《えんか》は依然として親に任されている。授乳・摂乳は母子の身体性によって規定されているが、吐き戻しは母親以外の個体でも行える。

ヒトの育児における離乳食という特別な食は、半分消化済みのような形状であり、食肉類の吐き戻しに似たところがある。さらに、母乳以外に人工栄養（育児用ミルク）というモノによって子どもが育てられることは、ヒトのもう一つの大きな特徴である。母親は子どもに乳を与えながら、それによる身体的負担を免れているのである。哺乳瓶があれば、父親でも祖父母でも、あるいは赤の他人でも授乳ができる。また、母乳にも「もらい乳」といって他者から支援してもらう授乳法がある（この場合は厳密にいえば「母」乳ではない）。

こうした人工栄養が母乳という身体的負担から母親を解放したことは、ヒトの母親に行動上の大いなる自由度と、またそれゆえの選択における迷いとをもたらしたといえる。すなわち、これも生殖補助医療とともにヒトの文化文明が生んだ問題であり、私たちの子育ての福音と困難のもととなっている。

霊長類としての性質——手指の発達

地球上には、控えめに数えても二〇〇種を超えるといわれる霊長類が現存する。ヒトも含めて霊長類の多くは、一度に生まれる子どもの数を最小限つまり一個体にまで絞り込み、個々の子どもあたりの保護を強めた動物たちである。原猿と呼ばれる原始的なサルから類人猿にかけて、子宮本体が二本の「角」（前出の図1‐1参照）と一体化して大きなしっかりした器官に進化し、そこで安定して子どもを守っている。また胎盤も類人猿などでは一層進化し、受精卵の着床後、子どもの組織が子宮内で母親の血液と直接触れるという効率的な構造になっている。さらに、原猿から類人猿にかけて母乳が低タンパク化しており、それゆえに子どもがよりゆっくりと成長し、その結果、母親が子どもを長期間にわたって保護できるようになっている(Schwartz & Rosenblum 1983)。それらのことからも示唆されるように、ヒトは親が子どもを守る霊長類種の最右翼である。

霊長類は、樹上生活に適応を遂げた哺乳類であり、その一つの特徴が手にある。図1-2はヒヒの手の写真であるが、親指の退化したクモザルのような例外もあるものの、霊長類の手は総じてよく似ている。手足には指紋があり、拇指《ぼし》対向《たいこう》といって親指が他の四本の指と向き合っている。これは樹上生活で枝をしっかりと握るのに適した特徴である。霊長類は基本的に四足動物で、後肢で体重を支えてからだを押し出すような移動スタイルをとる。ヒトは霊長類としては例外的に直立二足歩行を行うが、これは後肢で蹴り出すという霊長類の一般的な移動スタイルが変化したものである。

霊長類の手と足には、長くてかなり自由に動かせる指がある。樹上でさまざまな形や太さ・形状・向きをもつ枝を瞬時に的確につかんで渡り歩き、飛び移らなければならないが、霊長類の指はそのことに適している。しかも肩や手首・足首で大きく回旋させることもでき、このような動きの自由度こそが霊長類を特徴づけているといってもよい。

私たちが粘土細工をする時に、両手を協応させて、丸める、こねる、伸ばす、切る、ほじる、押す、ちぎる、ひねるなどの繊細でダイナミックな操作ができるのは、このような霊長類の高い手指使い能力のおかげである。

霊長類の子育ては哺乳類が選択した保護的な子育ての究極の姿であり、発達した手指がそれを実現している。他の四足獣が幼い子どもを口でくわえて運ぶのとは異なって、霊長類の子どもの多くは積極的に母親のからだに自らの手でしがみついて運ばれるし、母親の多くは手を使って子どもを抱き運ぶ。

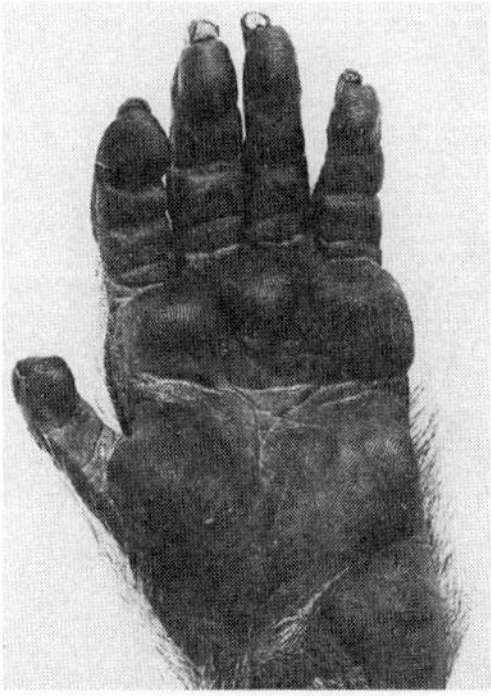
出典：Napier & Napier, 1985

図1－2　ヒヒの手

私がサルの研究を始めたころ、彼らが野山や岩場を素足で駆けまわっているにもかかわらず、その掌が思いのほかぷよぷよと柔らかく温かいことに驚かされた経験がある。この繊細な手指で他個体と毛づくろいや抱き(相手を抱くこと)などの優しい社会的交渉を行うが、親子間もその例外ではない(図1－3)。

抱きは母子の共同作業

ニホンザルなどの子どもは最初、母親の腹部にしがみつくが、やがてそれをやめて乗馬のように母親の背や腰に乗る。さらには母親から離れて自分の足で歩き出す。子どものからだを丸ごと運搬するのは母親の負担が大きいが、子どもが自分で歩いてくれるとその負担から解放される。

図1-3　母親から子どもへの毛づくろい行動

成長とともに自分の体重が増加するため、子どもの側もいつまでも母親の腹にしがみつくには握力が不足するし、母親の移動中に頭を岩などにぶつける危険も増える。歩く母親の背や腰に乗る方が、行動の自由度は大きいし見晴らしも良好である。さらに一人で歩けば、子どもの行動の自由度は一層大きくなり、個の自律が強まる。

ニホンザルは出生の直後から、体外に出てきた子どもを母親が手でしっかりと自分のからだに抱き取る(図1-4)。そのさまは、産み落とした子どもをただ舐《な》めるだけの他の哺乳類とは違っており、母親が接触という求心性の成立の立役者だと思われるかもしれない。しかしそこでは、子ども側の能動的な行動が重要な役割を果たしている。

私は隔離飼育個体の出産場面を観察したことがある(Negayama et al. 1986)。隔離飼育とは、生後初期に母親や他の仲間から離して子どもを単独で育てることである。そのようにして育てられた子どもが成長して母親になったとき、出産場面で子どもを抱かないという傾向がある。その時、抱き上げてもらえない子どもが、けなげに自力で鉄棒にしがみついて自分の身体を支えようとしていた(**図1-5**)。この行動は、通常は母親の行動に覆い隠されて見えにくくなっている能動的な子どもの姿である。出産後の抱きの成立は、実は母子の共同作業なのである。

図1-4　出産直後の母子

出典：根ヶ山 2002

図1-5　隔離飼育ニホンザルの出産場面における子どもの能動性

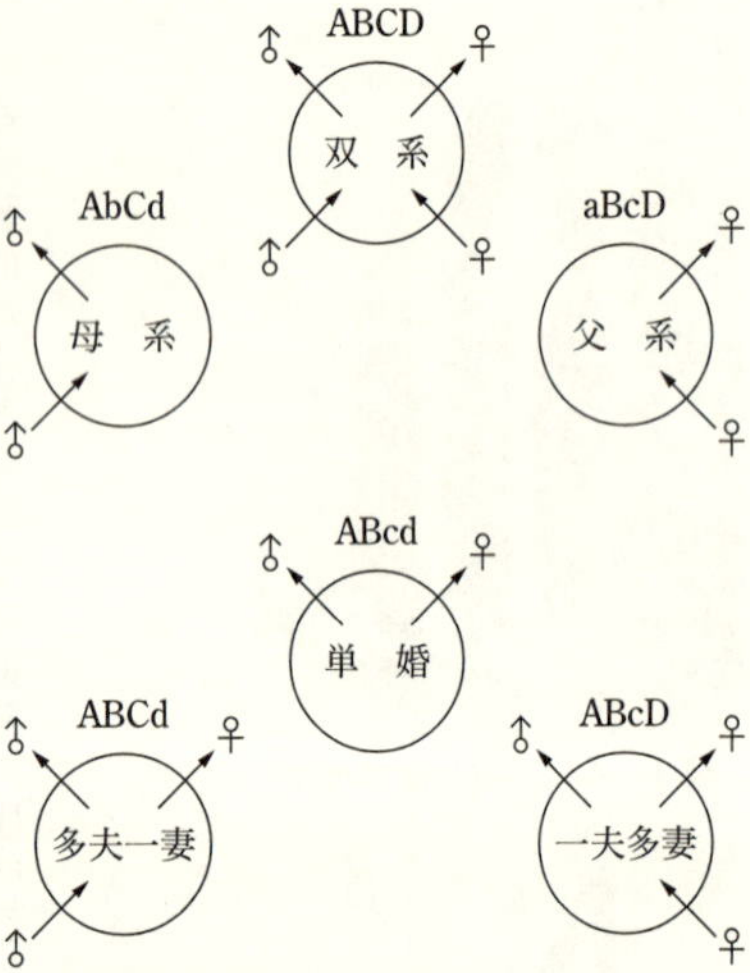

出典：伊谷 1987

図1－6　霊長類社会の基本構造

集団にとどまるか、離れるか

ニホンザルの集団は、雌と子どもと高順位の雄で構成される中心部と、若い雄による周辺部の二重構造をもっている。野猿公園で駐車場あたりをうろついて、観光客が手にもつ弁当を奪ったりするのはこの周辺部にいるサルたちである。当然ながら中心部の方がより安全で、周辺部は外の世界に接している分だけ脅威にさらされることも多い。

雌の子ザルは中心部で生まれ育った後、そのまま中心部に残って子育てを行うが、雄の子ザルは成長すると親から離れて周辺部へと移動する。そして若い雄だけでしばらくの間、中心部の個体につかず離れずの生活をした後、多くはハナレザルとして集団の外に出て行き、やがて他の集団に入っていく。

血縁関係の近い雄雌が交配することを近親交配といい、遺伝的に好ましくない性質が子どもに表れやすくなるため、動物にはそれを回避するメカニズムがある。成長して性成熟を迎えた個体が、生まれ育った集団を離脱するのは、このためと考えられている。それは親によって育てられた子どもが、発達するにつれて親のそばから遠ざかるという過程である。このことはまさに発達行動学における親子の遠心性の議論である。

霊長類学者の伊《い》谷《たに》純《じゅん》一郎《いちろう》は、集団の雄と雌の出入りから霊長類の群れの基本構造を考え、それによって集団の種差を一元的に説明しようとした(図1-6)。ニホンザル集団は雄が出入りして雌が残るが(母系)、チンパンジー集団は逆に雄が残り雌が出入りする(父系)。その他、単雄単雌(一夫一妻)、単雄複雌(一夫多妻)、複雄単雌(多夫一妻)、複雄複雌という集団の構成も、すべてその個体の出入りの結果として説明される。

集団における個の自由度

集団の多様性には、そのような性による求心性と遠心性という要素に加えて、個の自由度というもう一つの重要な要因がある。すなわち個がどれほど集団のまとまりに縛られるかによる多様性で、類人猿はその縛りが緩く、個体の行動の自由度が高い。最大五〇〇頭以上にも及ぶ個体からなる大分市の高崎山の群れの例にみるとおり、ニホンザルなどは集団としては大きいが、移動などに際して個体の選択の自由度は相対的に低い。そのことは、ニホンザルの集団が移動している様子や、リーダーが「木ゆすり」を行って集団全体にその開始を合図しているところ（図1-7）などからもわかるであろう。

図1-7　ニホンザル集団の移動(上)と，その開始を集団全体に木ゆすりで合図するリーダー(下)

その一方で、チンパンジーの集団サイズは通常数十頭と小規模で、個体間の離合集散が激しい。野生チンパンジー研究の開始期には、彼らが決まった群れをもたないのではないかとさえいわれたほどである。初期のチンパンジー研究者たちの困惑ぶりは、次の伊谷の記述によく表れている。

霊長類の中で、チンパンジーほどやっかいな社会構造をもった種はほかになかった。たえまなく離合集散をくり返す彼らのグルーピングは、調査者の目を惑わせた。Goodall

(1965)をして、ゴンベ・ストリームのチンパンジーには母子の結合を除いて安定したまとまりはないとまでいわせ、私たちもその刻々に変貌するグルーピングに完全に翻弄されたまま、最初の四年ばかりを経過してしまった。すなわち彼らは、オランウータンを除く、ほかのすべての霊長類の種の単位集団がもっていた基本的な原則、連帯性(solidarity)を欠いていたのである。〔中略〕避けかつ離れることによる社会関係の調整法は、これまでにも、ペア型の単位集団の中で性的成熟を迎えようとする雌雄や、群れ型の社会におけるオスの離脱といった現象としては見てきたのであるが、チンパンジーの場合は単位集団の輪郭が明確でないままに、奔放な集散ばかりが調査者の目を眩惑したのである。

(伊谷　一九七二　一二三―一二四ページ)

同じ大型類人猿であるゴリラの場合も、せいぜい数十頭の単雄複雌(一頭の雄と複数の雌およびその子ども)集団でニホンザルほど大きくはない。小型類人猿のテナガザルは雄雌一頭ずつからなるペア型の集団で生活しているし、オランウータンにいたっては子どもが幼い時期の母子関係以外は単独生活を行う。類人猿は総じて小さな集団で生活し、個体の自由度が大きいのである。伊谷は、そのことにも次の通り言及している。

さて、大型類人猿の社会は、種ごとに極端な構造上の相違を見せている。彼らの間の系統上の近似性とは裏腹に、これらの社会構造の間には、まるで構造上の共通の基盤を見いだせないかのようである。同じ属の中、あるいは隣り合った属の間でのこれほどの変異は、他に類例を見いだすことのできないものであろう。私はこの変異の原因について、一つの仮説を提出しておきたいと思う。それは、彼らが彼らの進化の過程のどこかで、霊長類の社会にとって非常にベーシックなものを破壊しているということだ。（同　一四〇ページ）

ニホンザルでも性成熟にともなう集団の周辺部への移動や集団からの離脱、さらに集団間の移動などに個体の行動の自由度が垣間見られるが、類人猿においてはそれが日常的に大きく実現されている。チンパンジー研究の泰斗である霊長類学者のJ・グドールは、一九八六年の著書でもチンパンジーの離合集散の大きさと個の自由度の高さを指摘している(Goodall 1986)。

伊谷が「ベーシックなものの破壊」としたものは、集団の統合性に対する個の自律性の優先が、それぞれの種の生態学的条件の違いに応じて異なる形をとって表れたものと言いかえられよう。個の自律は霊長類の社会性進化の極めて大きな方向に違いない。そしてその極にヒトが存在しているのである。

オランウータンも含めて、母親と子どもが行動を共にする時期は、出生後一定期間存在する。大きな群れでも、全員が一致協力して子どもを育てるわけではない。基本は母子がコアとなり、その周りで限られた個体が子どもの世話を行ったり、子どもと遊んだりする。逆にいえば、母子の結合が個体同士のつながりの最小にして普遍的な単位ということである。それは子どもを育む子宮や乳腺という器官が、哺乳類として母親の体内に備わっていることと不可分に結びついている。

日本における初期の霊長類学が注目したように、ヒトの場合「家族」という独特の集団を形成する。そこには母子以外に、通常、父親がおり、また祖父母が同居する場合も多い。

母親以外の個体が母親のように子どもを守り育てることは「アロマザリング」(アロ=allo は「他の」を意味し、マザリング=mothering は「母親による子育て」を意味する)と呼ばれ、霊長類とりわけヒトにおいて発達した重要な子育てのスタイルである。それは、子どもが母親のみによって育てられるのではなく、むしろ他個体が積極的に子どもの世話に関わることを意味する。その間、母親は育児から解放されて、個の自由度を確保できるし、子どもも多様な社会交渉を豊かに享受できるのである。この問題は本書の中心となるテーマであり、繰り返し取り上げることになる。

2　ヒトゆえの困難

哺乳類は子どもの保護を強める方向に母親の身体と行動を進化させ、また霊長類はそれを手指によって行うように進化した。そのことは子どもに対して母親が対面して触れ合い、手で親和的に関わることを増加させた。それと同時に霊長類には、個体の自律性、すなわち個としての行動の自由度を高めるという方向の進化も指摘できた。こうしたことをふまえれば、ヒトは霊長類の中で最も子どもを保護する傾向が強く、かつ最も個の自由度が高い種となる。

しかしこのことは、個体としてのヒトの母親にとっては矛盾をはらんでいる。なぜなら、子どもの保護は、自身の他の行動を犠牲にして子どもに積極的に関わることを必要とし、それは母親が個体として自由にふるまうことを難しくするからである。そのことが子育ての困難の根本的な原因であり、子育てに悩むということは、ヒトならではの進化的宿命なのである。

保護の必要性と個の自律の葛藤

ヒトの赤ちゃんは「生理的早産」、つまり本来生まれるべき時期よりも早く生まれることに由来する行動的な未熟さを特徴とする。ヒトは四足歩行をやめて直立二足歩行を行うことによって、骨盤が変形するとともに、身体が支えるべき頭部（大脳）を大きく重くできた。それがヒトに難産と生理的早産をもたらしたのである。そのためヒトの新生児は、二次的就巣性（本来、離巣性の動物が二次的に就巣性の特徴をもつ）を備えることになり、そのことが「離れつつ守る」というヒト独特の育児スタイルを発達させた（根ヶ山 二〇〇二）。

したがって、ヒトの赤ちゃんは這《は》ったり歩いたりということはしばらく不可能な、寝たきりの状態である。また母親もその子どもを常時抱き運ぶということをしないので、母子はかなりの時間分離することになる。そのために家庭という安全な母子分離空間が必要となった。母子の結合を強めるという進化の方向性からすると、変則的な霊長類である。

接触するとしても、長時間にわたる場合は手でなく、スリングやベビーカーなどを使って運ぶ。もしくは他者に手渡す。つまり母親一人が自分の身体を用いて子どもを守るスタイルから、周りの多様なヒト・モノ資源を利用して子どもを守り、社会的子育てをするようになったのがヒトであるといえよう。結果として母子の安定した分離が実現されている。

養育者との身体接触を通じて安心が得られ、それをベースに子どもは母親から離れて外の世界を探索し、新たな可能性に挑戦できるようになる。こうした考え方は「アタッチメント（愛着）理論」と呼ばれ、ヒトの子育てや発達における重要な基礎として位置づけられている。しかし、実はヒトの母子は、本質的に出生の直後から分離的なのである。

かつての母親は献身的に家事や子育てに努めていたが、現在は女性の就労も増え、家庭で主婦としてばかりでなく、個人としてふるまうことが増えている（柏木 一九九五）。これは単に時代の変化というよりも、むしろ自律志向という本来の生物学的な背景が表面に表れたものである。

子どもを守ろうとすればするほど、母親の体力と時間は奪われる。保護をするということは母子が近づき合うことであるが、それは同時に母子が互いに相手から行動の制約を強いられることであり、そのことは高い自由度を求めることと相容れない。子どもへの愛情と個の自由度は相反しジレンマを生む。哺乳類であり霊長類であるヒトはこのような矛盾が最大化している動物であって、このことが本章の冒頭に述べた育児のトレードオフに関係しているとともに、ヒトの子育てに抜き差しならない困難をもたらしている根本原因でもある。女性の個人化という今日の傾向（柏木 一九九五）にはそういう生物学的背景がある。

能動的で主張的な子ども

このような特徴のため、ヒトの母親は子どもを守ろうとしつつ、離そうともする。分離しつつ守ることは、矛盾的関係にある子どもの保護と母子の自由度を、ともに満足させる「妥協策」であった。これは、母子の愛着関係の重要性を指摘したアタッチメントの議論にはない視点であるが、ヒトの親子関係の基底をなす重要な認識であると私は考えている。

二次的就巣性という状態は、真の未熟ではない。目や耳は環境に対してしっかりと開かれて情報を取り込めるし、声や視線・表情、手足の動きなどを用いて周囲に発信もできる。もちろん自ら歩いたり、走って場所を移動したり、振りほどかれないように母親にしがみついたりすることはできない。しかしその代わりに周囲の状況を把握し、泣いて親を呼び、親から保護を引き出す能力は高い。子どもの顔つきや仕草のかわいらしさは、保護の解発刺激として、それへの敏感な反応を親に引き起こさせる。

ヒトの赤ちゃんがもつ高い認知能力は、たとえば顔という刺激に対する生まれつきの好みからみることができる。また、身体の節々につけたマーカーの動きの映像だけをもとに、それが動く人であると識別する能力も備わっている。さらに、目の前でおとながする舌出しなどの表情を、自分の顔で模倣する能力などもあり、新生児に人刺激への高い視認能力があることが確認されている。しかも、胎内で聞いていた音刺激を出生直後から認識できるなど、聴覚的にも高い能力をもっている。

新生児は一見未熟ではあるが、先に確認したように、生命の出発時点からすでに本質的に能動的で主張的である。子どもの見かけ上の弱々しさに惑わされて、ともするとそういう子どもの強さが見失われがちである。いわゆるネズミの赤ん坊のような、目も耳も閉じている本来の就巣性の特徴とは明らかに異なっているのである。

3　つながりの中の子ども

ヒトは他の類人猿に比べて子どもが早期に離乳するが、性成熟は遅い。言いかえると子ども期が長い。それにもかかわらず、短い出産間隔で子どもを産むことのできる繁殖力の旺盛な霊長類である。

人類学者のK・L・クレイマーによれば、周囲の個体の協力的育児によってそれが可能になっているという(Kramer 2010)。そのことは「子どもを保護する」「個として自由にふるまう」という、ヒトの母親の矛盾する志向性の解消とも深く関わっている。両親に代わる子育てをア

出典：Reddy 2000

図1-8　11週齢の赤ん坊が自分の鏡映像と目が合いはにかむ様子

ロペアレンティングという。協力的育児と同義であるが、論点をより鮮明にするため「母子」を起点にして考えるという立場から、本書では前出のアロマザリングに注目する。

母親以外の子育て——アロマザリングの意義

近くの第三者が母親に代わって子どもの保護を行うことによって、子どもは守られ、かつ母親は子どもから離れて自由度を確保することができる。また子どもも、第三者の保護に渋々従うことも場合によってないわけではないものの、多くは自分の意思にもとづいて、周囲にいる複数の第三者を取捨選択し近づく。ヒトの乳児は他者から自分に向けられる眼差しに対して強い興味関心をもっており、これがヒトの活発なアロマザリングを支えている。

図1-8は鏡に映った自分の視線に対してではあるが、一一週齢の赤ん坊が、それと目を合わせた瞬間のはにかみの表情をとらえたものである(Reddy 2000)。赤ん坊のこのような仕草は、親に抱っこされた子どもに他

人が近づいた時、誰しも目にする。このことは、彼らにとって「自分に関心を向けてくれる他者」の視線への関心の強さを証明するものである。はにかむことは、周囲の人にその子への愛おしさを解発する刺激となる。

多様なアロマザーの存在

「家族」というアロマザリング集団を構成するということも、前述した通りヒトの子育ての大きな特徴である。ヒトは、家族と近隣という二重のアロマザリング・システムをもつ。近隣というのは環境の状態によるところが大きく不安定であるが、家族、特に最小単位としての核家族という基本ユニットは安定的な集団である。そして「家庭(家)」という構築環境が、その安定性を支えている。

心理学者の柏木惠子は、ヒトの寿命が伸びたことと少子化をヒトの人口動態上の大きな変化と位置づけ、このような人口革命が女性の生き方を大きく変容させたと指摘している(柏木 一九九五、二〇〇一)。特に、前述したように女性の「個人化」の問題は、繁殖の重視から「個」として生きるのを優先することへの変化であると柏木はとらえる。そしてそれは子どもの存在を「さずかるもの」から「つくるもの」へと変化させるという、子どものもつ価値の変化をともなっていると分析している。

　ただし子どもは、単にそのような母親の子ども観に従属するのではなく、自らの動物的能動性によって母親によるコントロールに抗議や自己主張をし、それがしばしば母子間の衝突を引き起こす。それだけではなく、子どもは母親以外の身近なアロマザー（アロマザリングを行う者）にも自ら積極的に近づき、またその間を渡り歩くことで結果的に母親の自律性達成に協力する。そのアロマザーの最たるものが家族である。

　家族の中でも特に父親という存在が長期安定的な関係として期待される。ところが、哺乳類の雄親は子育てに熱心ではないという一般的傾向をもっているとされる。ヒトの父親が、家族という繁殖集団において信頼できるアロマザーたりえるのかについては、ジェンダーの観点から議論の必要な重要問題であるが、それについては第4章で改めて論じる。

　他にも祖父母やきょうだいがアロマザリングの担い手の候補として存在しており、そういうメンバーの全体がヒトの家族を構成している。また家族の枠組みを超えた血縁個体、さらに非血縁の近隣集団や、保育士、教師、医師、看護師などの専門家によるサポートも、ヒトの母子が離れつつ守る子育てを実現するうえで欠くことができない。まさにヒトは重層的な協力的育児の発達した種である。

母親とアロマザー、あるいはアロマザー同士も、単に子どもとつながるだけではなく、相互に関わり合う機会をもつことになる。それらを近づけ関わり合いをもつように、子どもが能動的に導いているとみることもできる。複数のアロマザリングにおける移行の接続部分では、一時的におとなの保護が手薄になる瞬間があるし、また受け渡されるおとな間の子どもに対する接し方も同じとはいえない。その場合は、そのつど子どもによる調整も必要となる。

協力的育児の発達しているヒトは、その移行において子どもがもつ柔軟な対応能力と、アロマザーを信頼し、安心して子どもを手渡す母親の遠心性とが発達した種でもある。これらの問題についても、もう一度第4章で詳しく述べる。

モノのアロマザリング機能

人間だけでなくモノも子育てに関与することは、ヒトの子育てを独自なものとしている点として強調しておきたい。ヒトの子どもは二次的就巣性ゆえにしがみつきは不得手だが、モノへの執着はとても強い(Karasik et al. 2012)。持ったり運んだりして遊ぶし、それを他者との間でやりとりすることで社会的相互交渉にも活用する。玩具はいうに及ばず、身の回りのモノを手当たり次第に弄《もてあそ》ぶといってもよい(図1-9)。手や口でモノに触れ続けるというこの執着ぶりは、他の霊長類にはない性質で、そこにはヒト独特の「モノ本能」とでもいうべき強い志向性を指摘することができる。

家庭という独特の巣は、ヒトの子育てとモノの独自な関係が満載された空間である。日本とイギリスの家庭において、子どもの行動と母子のやりとりを三～四時間連続でビデオ観察したことがある(Negayama & Trevarthen 2022)。生まれたばかりの子どもは日英ともに日中多くの時間寝ており、それが母子を大きく隔たらせていた。その分離を可能にしているのがベッドや布団などのモノである。

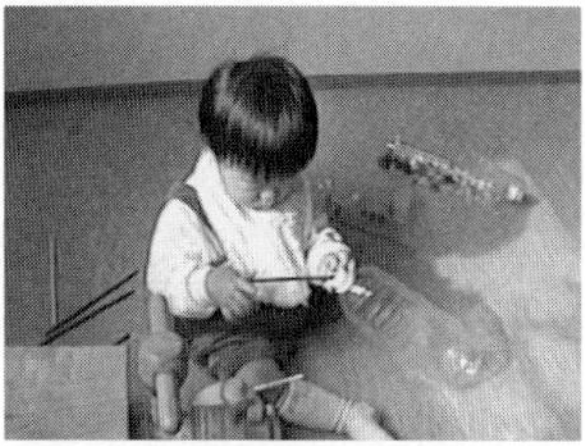

図1-9　空のペットボトルで遊ぶ乳児

その後、生後半年時点では、子どもの睡眠とそれによる母子分離が減るとともに、起きてモノ遊びをすることが母子の分離を長時間にわたって支えるようになった(**図1-10**)。それらを私は母親の自律性を高める「モノのアロマザリング機能」としてとらえ注目している。これは手指の発達という霊長類の特徴とも大きく関わっていることであり、後にもう一度詳しく考察する。

ヒトは直立二足歩行によって前肢が姿勢の保持機能から解放され、抱きに多用されるようになるとともに、手指の操作性という

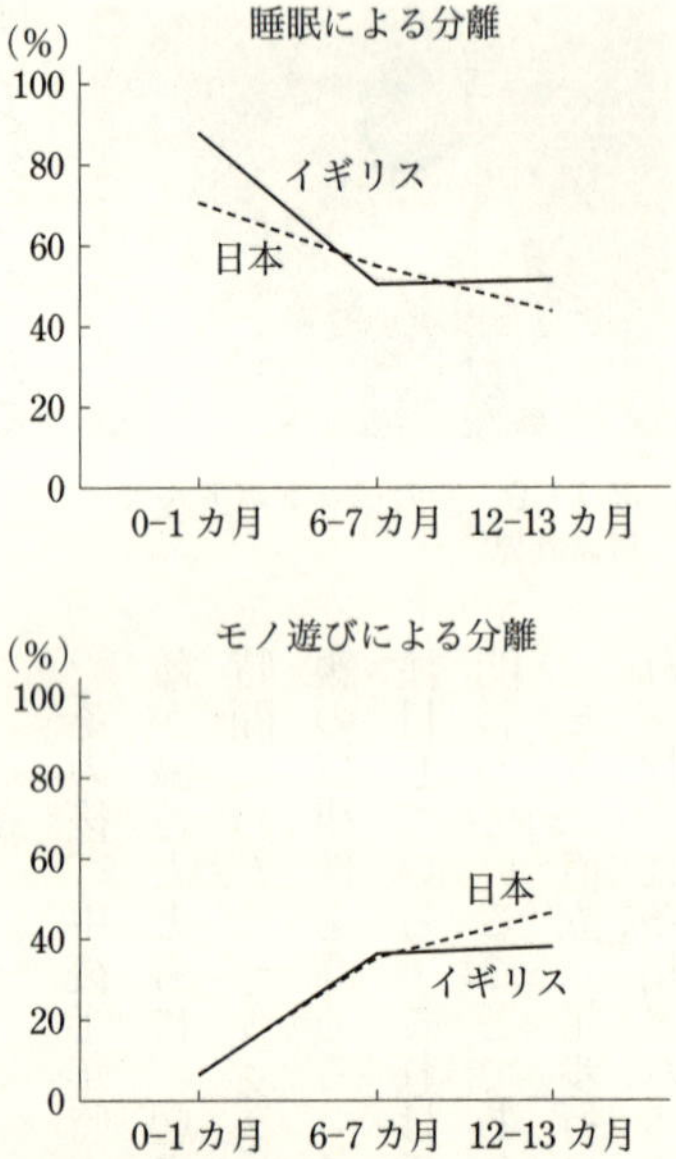

出典：Negayama & Trevarthen 2022

図 1-10 日英家庭での睡眠とモノ遊びによる母子分離

霊長類の特技が飛躍的に発達した。さらに大脳が大型化することで、ヒトはさまざまな道具を作り出し、それを母子の身体間に介在させることによって子どもを守るとともに、母子の隔たりと自由度の増大を実現した。育児書や電話、テレビ、インターネットも有用な子育て道具である。

ヒトは家を建て、子どもを外界の危害から守ったり、子どもを一人で就寝させたりできる。つまり、家というモノを親子の距離調節の道具としている。むしろ、ヒトの子育ては育児具や玩具、それを収容する家という重層的なモノの助けなくしては成り立たないという方が正しい。ただし、モノは事故の危険性とも隣り合わせなので、モノへの接近もまたアンビバレントな要素を含み、ジレンマを生み出す要因ともなる。この問題についても後述する。

第2章

親子の駆け引きと衝突

前章で行ってきた哺乳類・霊長類としての共通性や独自性の議論を通じて、ヒトがいかなる子育てを行う動物であるかが確認できた。次に本章では、その視点を今日の私たちの子育てに照射し、そこで親を悩ませる困難さの理由や、その打開の方途に向けたヒントなどについて考えてみよう。

1 子の戦略と親の戦略

赤ん坊には独特の形態的・行動的特徴が備わっており、その姿形や仕草は「幼児図式」といわれる。それは、その赤ん坊が無条件にかわいく保護したいという気持ちを親に抱かせるとされる。自分で歩いて移動することができず、固形物を食べられない、言葉もしゃべれないなど、能力が未熟なヒトの赤ん坊にとって、動物行動学が指摘するこうした特徴は、周りからしっかりと保護されて育っていくために必要なものとみなされている。また赤ん坊は、身の安全が脅かされる場面で、親を求めて近づき接触するとされる。そういった特徴は、発達心理学において、養育主体としてのおとなに保護されるべき「弱い」赤ちゃんという視点をもたらした。

しかし、生まれたばかりの最も幼い子どもが最もかわいいというわけではない。たとえば、未熟で生まれた子どもはむしろかわいらしさが弱く、まるで年長児のような面立ちである（図2－1）。つまり顔つきのかわいらしさは、自分を守ってもらうために子どもが発達するにつれて徐々に身につける彼らの「武器」であり、その傾向は一歳頃にピークを迎えるまで増大し続ける（根ヶ山 一九九七）。生後間もない赤ん坊はまだ移動もせず、周囲への関わりかけも少ないので、かわいらしさで注目を集めることによって自分の身を守る必要がないのである。

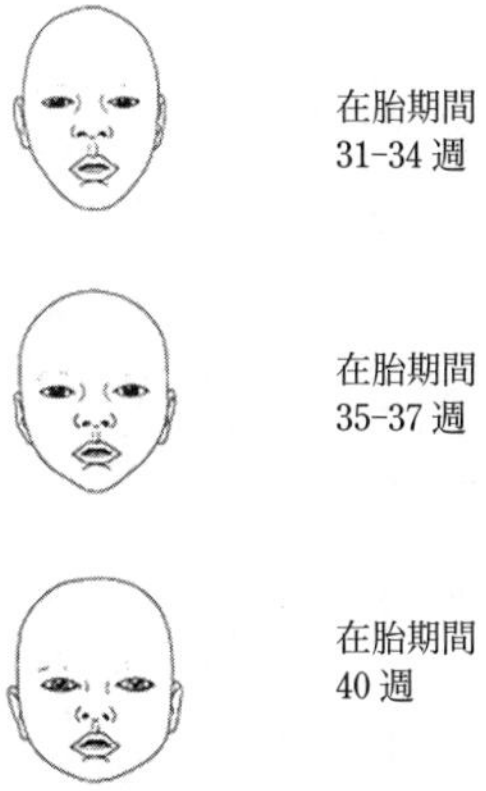

出典：Maier et al. 1984

図2－1　未熟で生まれた子どもの顔つき

子どもの弱強さとおとなの強弱さ

赤ん坊は自ら育ちゆくものとして、実は養育者から世話を引き出す動物的な「たくましさ」をもっており、養育者はその力に導かれて子育てを行う。これは赤ん坊に「強さ」もしくは「したたかさ」を認めることであって、その強さはときに親の意向と合致せず、親子の衝突を生む場合もある。

「かわいらしい笑顔」とともに「いらいらさせられる泣き」も彼らの強さである。泣きはけっして弱さの表れとばかりはいえない。その強さは平時には、自ら進んで授乳や世話などで資源を差し出すように親を仕向けるが、その要求があまりにも執拗な場合、親がそれに手を焼かされ困り果ててしまう。最悪の場合、子どもの放置や遺棄という逆効果すらも生んでしまいかねない。私はこうした子どもの特性を「弱強《よわつよ》さ」と呼んでいる。

「タカ派」と「ハト派」という言い方がある。政治の世界などでよく耳にする言葉である。厳しく敵対的にふるまうタイプと優しく友好的にふるまうタイプの違いを示すもので、「北風」と「太陽」にたとえられることもある。世の中を分ける二大基本戦略といってよい。生物学における「進化的に安定な戦略」の議論は、「囚人のジレンマ」で有名なゲーム理論を生物学に応用したもので、その基本は「タカ・ハトゲーム」として知られている(Maynard Smith 1982)。

シンプルに説明しよう。まず、生物界には「タカ派」と「ハト派」という異なる行動原理をもつ二群が存在すると考える。タカ派は自分か相手のどちらかが傷つくまで戦い続けるタイプで、ハイリスク・ハイリターンを旨とする。一方、ハト派はまず誇示をして、相手が刃向かってくればただちに逃げ出すタイプで、ローリスク・ローリターンを旨とする。そのような異なる戦略をもつ二群の個体同士がさまざまに出会って、戦ったり逃げたりを繰り返す結果、集団は最終的にタカ派とハト派がその利得と損失にもとづき、ある比率をとって安定する。さらに個体としても、行動を固定化させないで状況に応じて柔軟に切り替え、その結果、ある比率でときにはタカ的にふるまったり、ハト的にふるまったりすると考える。

お互いが隣人愛で結びつく桃源郷のような世界を私たちは理想として語るが、そういう社会では必ず相手の善意につけこんで、濡れ手に粟の荒稼ぎをしようとするタカ派が台頭する。かといって社会全員がタカ派になってしまうと、血で血を洗う殺伐とした世の中になってしまうので、今度は逆に博愛が求められる。それぞれの行動傾向には、それにともなう異なったリスクと利得があり、両派がある比率となったところでそれが均衡する。ヒトの社会はこのように、異なる戦略の揺らぎの結果、平衡に達するのである。

これは動物行動学で「混合戦略」といわれるものであるが、親子の関係にも似た考えが適用できる。今述べたように赤ん坊には弱さと強さが同居し、また親の側にも強さと弱さが併存する。そして両者の間には、絶え間ない駆け引きが展開される。

前述のように子どもへの保護と、個の自律性という矛盾する二面性をともに強めた霊長類であるヒトの母子関係においては、子どもの弱さゆえに母親がその子を保護するといえる。しかし別の見方をすれば、子どもの強さによって、有無を言わさず母親が保護を引き出される弱味をもつとも考えられる。さらに個の自律性というヒトのもう一つの性質は、愛情深く接しようとする母親の関わりを断って自立しようとする子どもの強さと、自分にすがろうとする子どもを引き離して、自分の世界を守ろうとする母親の強さがせめぎ合う状況をも生み出す。

求心性と遠心性のせめぎ合い

ヒトの赤ん坊は母親の保護によって守られるだけでなく、二次的就巣性という行動的未熟性のために、母親のそばからしばしば離される。その際に子どもは、母親以外のヒトやモノによるアロマザリングに託され、そのことによって保護される。逆に母親以外のヒトやモノに子どもが引きつけられる結果、母親が子どもから離れることもある。いずれにせよ「母子が分離し、それにもかかわらず子どもが守られる」という性質をもつのが、ヒトの親子の本質である。

そのことは、母子の間に求心性と遠心性という二つの異なる志向性を認めることで説明できる。母子は近づきすぎると相手のからだの針毛が痛くて反発性が生まれ、遠ざかりすぎると反対に寂しくなるという「ヤマアラシのジレンマ」の関係にあり、「可愛さ余って憎さ百倍」という両価性が存在する。そのため、母と子の間に状況次第で協力、もしくはせめぎ合いや衝突が生まれる。母子それぞれの個体内に、場面に応じて求心性と遠心性の葛藤が発生することで、接近や分離の揺らぎや迷いをもたらす。その要求に互いの弱さと強さが混在しており、母と子はその弱さと強さを、周囲の資源も利用しつつ相手の状態に応じて柔軟に切り替えるなどして、相手との距離を調整している。

母子にはそういった相容れない志向性が、常にある比率で同時に存在し、双方の行動がダイナミックに千変万化している。母子の関係には身近だからこそ対立も不可避的に起こるが、対立は関係を立て直したり、自分と他者を尊重する契機ともなる。母子だけでなく父親をはじめとする家族も家庭には存在するし、家庭外にも血縁者・非血縁者が複数いる。子どもの周りにはヒトだけでなくモノも存在しており、それらはヒト—ヒト、ヒト—モノ、モノ—モノというように縦横に組み合わされ、それらの全体が多重的なアロマザリング・システムとなって母子の隔たりを演出している。

親と子どもはそういったいくつもの混合戦略を丁々発止に投げ掛け合って、相手との関係を時々刻々と相互調整しているのである。求心性と遠心性という異なる志向性の比率は、親と子どもの性別や年齢によって違うし、また文化によっても異なる。双方が行う相手の状態の読みが正しければ、円滑な関係を維持することができるが、それを読み損なうと関係がギクシャクする。

養育者と子どもの間で相手の心理状態を読み、先を見越して相手を操作し、互いに駆け引きを行うという掛け合いこそが子育てである。遠心性が働く時、親子は離れ、離れた先に親以外の求心性の対象が待ち受ける。そうした広がりの中に、子どもは存在する。アロマザリングにおける母親以外のヒト・モノとの接触の実現には、母親がそれらのヒトやモノを信頼し、子どもがそれらに接近することを許すという、母子の遠心性がその前提として必要である。

2 親子間で繰り広げられる資源争奪

ヒトの子育ての悩ましさはその動物性が背景となっているが、根幹には母子の身体、なかんずくそれを維持する乳児期の栄養をめぐっての身体資源、もしくは時間資源をめぐるせめぎ合いがある。以下では発達行動学的観点から、子どもの食(哺乳・離乳)に焦点化して、この点を考察する。

母乳哺育をめぐる葛藤

ヒトの子育てにおける大きな課題として、哺乳と食の問題がある。「はじめに」で述べた通り、お乳が足りない、お乳をしっかりと飲んでくれない、離乳食をちゃんと食べてくれないといったことは、親にとって共通の深刻な心配事である。栄養は一日たりともおろそかにできず、胎盤から経口へと、栄養摂取のスタイルが速やかかつスムーズに切り替わる必要がある。子どもも自分の命に直結することなので、動物としての自己主張の強さから、母乳不足の時には必死に泣いてそれを求める。

それ以外にも母乳と人工栄養の選択をどうするか、離乳食をいつどのように開始し展開するかという問題も、ヒトの親の大きな悩みである。離乳後も、偏食・小食・過食など、子どもの食をめぐる親の心配の種は尽きない。親が子育ての大変さを最初に思い知らされる体験が、子どもの食なのである。

摂乳と摂食は子どもにとって生きるために欠かせないので、飲みたがらない・食べたがらないということは本来そんなに頻繁には起こらないはずである。生まれ出たばかりの新生児が、分娩台に横たわる母親の乳首に対して、匂いを手がかりに自力で移動して吸い付く能力を生まれながらにしてもっていることは、その証拠である(Varendi et al. 1994)。さらに新生児は、生後すぐから舌で甘味・苦味・酸味などを識別し、それに対応する表情を示す能力をもっている。

しかも新生児は、乳首が口の周りに触れるとそれを口の中心でとらえようと開口し(口唇探索反射)、乳首が口に入ると吸う行動(吸啜《きゅうせつ》反射)をとる。そして子どもが吸うことや泣くことが引き金となって、母親の乳汁が分泌される。このように子どもの能動性が哺乳を支えており、親がすべての段取りの責任を負っているわけではない。だからこそ「授乳」というよりも「摂乳」なのだ。

母乳哺育とは、母親が子どもの代わりに食べ物をとって消化吸収し、その栄養を子どもに渡してやることである。したがって子どもの身体機能の一部を、代わりに母親の身体が担うことである。子どもが親に依存することは「すねかじり」と形容されるが、まさに子どもは母親の身体の一部を摂取する。

霊長類は薄い乳を分泌し、子どもは母親の腹部にしがみついて、それを持続的に吸う(九ページの表1-1参照)。しかしヒトは、二次的就巣性による身体分離を特徴とし、母親に時間をあけて抱かれることで断続的に摂乳する。母親は前回の哺乳とその後の泣きなどの表出を手がかりに子どもの空腹のレベルを推し量り、その状況に応じて哺乳する。母親を衝《つ》き動かす子どもの泣きは、母親にとって自分をリモートコントロールする子どもからの強い訴えとなる。母親はいつでも子どもに対応できるとは限らず、その要求はときに母親にとっていらだちの原因となる。

人工栄養の光と影

子どもを優しく胸に抱きよせて哺乳する姿は、母子の愛情を象徴する場面である。ところがヒトは、ウシなどの乳から人工栄養をつくり出し、それを哺乳瓶で子どもに飲ませることもできる。そのため、母親が自らの身体を使い、それを子どもに密着させて子どもを保護するという制約から自由になり、身体が離れても保護し続けることができる。

ちょうど子どもの睡眠が布団やベッドでなされ、身体が隔たっても保護の放棄にならないのと同じで、それは文明が生み出したヒトの子育てのスタイルである。これらは便利なことではあるが、それによって母子の身体間に隙間が生じ、進化が保障してくれる母子の身体間の調和的関係に混乱をきたすこともある。

母乳が足りないという母親の悩みがよく聞かれる。乳の不足は、母親が早期に母乳を停止する最大の理由となっている。

しかし考えてみれば、子どもが十分成長した後ならばともかく、まだ幼く母乳に全面的に依存している時期に、そういった状況に頻繁に陥るとすれば、それは哺乳類としては困ったことである。人工栄養という補助食品を利用するヒト独特の育児法が、子どもの吸いつきによる乳首への刺激の減少をもたらし、それが母乳の分泌を低下させている。

人工栄養によって、哺乳を父親や保育士などの他人が行うこともでき、育児中の母親が子どもから長時間離れて子育て以外に従事することも可能となる。このように人工栄養の存在は、母子の隔たりを左右する一大要因である。それは「分離しつつ保護する」というヒトの子育てスタイルを象徴するものの一つである。

母乳の場合、哺乳の開始と終了のタイミングを決める手がかりは、子どもの行動に表れる空腹と満腹の様子である。飲んだ分量が正確にはわからないので、子どもの表出を手がかりに判断せざるをえない。それに対して人工栄養だと、一定量を測ってつくり与えるため、与える側が摂取量を知り、それによって終了のタイミングを判断しがちとなる。したがって、子どもの主体性が過小評価されてしまう。

逆の見方をすれば、母親の判断の責任が増すことになり、それはヒトの子育ての難しさの一因にもなる。私が調べたところ、出の悪さが理由で母乳を終了させるのは、人工栄養の導入に抵抗感の少ない母親であることが有意に多かった(Negayama et al. 2012)。人工栄養は消費者の手に渡るまでに、酪農業、乳業会社、哺乳瓶用のプラスチックやゴムの製造業、運送業、育児用品会社、小売業などさまざまなシステムが介在する。本来、母親と子どもの身体間で実現されるはずの哺乳が、それらの巨大な複合システムの介在によって左右されることとなっているのである。

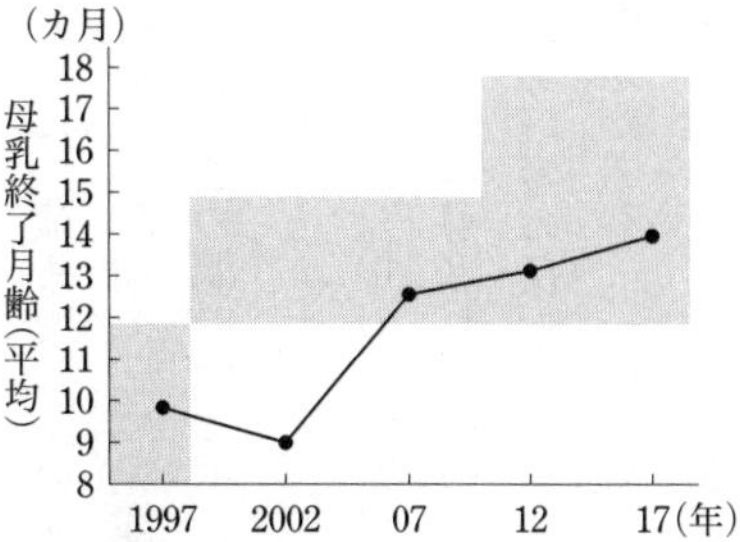

出典：根ヶ山 2023

図2-2　母乳終了月齢の年次推移と当該年の離乳指導において推奨された終了期の範囲(網掛け部分)

厚労省通達が左右する離乳

私は、母乳哺育と離乳の実践の実態について、一九九七年から二〇一七年まで五年ごとに計五回、全都道府県の三歳児健診の場で質問紙調査を行ったことがある(根ヶ山 二〇二三)。そこでは、母乳哺育の実践がこの二〇年間で大きく変化し、母乳の終了時期があっという間に四カ月も遅くなっていることがわかった(**図2-2**)。特に二〇〇二年から〇七年の間で顕著に後傾し、その後スピードを緩めつつもさらに徐々に遅くなっていた。

この変化の背後には、厚生省(二〇〇一年より厚生労働省)が通達する母乳と離乳の指針の度重なる改定がある。

通達では、一九八〇年以来ずっと、一歳までに母乳をやめるべきだとされてきたが、その後九五年に一歳まではやめずに与え、一五カ月を目処にやめるようにという逆転が生じていた。それぞれの時期で三歳児健診を受ける母親が三年前の出産当時に指導された母乳の推奨期間は、図2－2の網掛けで示されている。ほぼその指導内容の変化に則して実際の母乳期間も推移していたことがわかる。

一九九七年の三歳児健診の場で調査対象となった母親は、出産時点で一歳までに切り上げることを指導され、その五年後にあたる二〇〇二年の母親は周囲の専門家や家族と同様に、その指導内容の反転（一歳までは母乳を与える）を子育て開始直前に経験した。さらに〇七年にも再び改定があり、一歳から一八カ月までの間に離乳するようにと変わって、終了期限の目安が一層遅くなった。一二年に調査した母親がその指導を受けた者であり、母乳終了時期はその改定に沿うように後傾化していたのである。

この期間にはまた、ＵＮＩＣＥＦ（国連児童基金）とＷＨＯ（世界保健機関）を旗頭にして世界的に母乳推進が叫ばれ、「母乳育児成功のための10カ条」（二四時間母子同室や、出産後できるだけ早い母乳育児開始の支援など）が提唱された（一九八九年）。そして、その条件を満たした病院が「赤ちゃんにやさしい病院」としてＵＮＩＣＥＦとＷＨＯにより認定された時期（一九九一年より）

でもある。

それとともにわが国で一九八五年に男女雇用機会均等法が制定され、九七年と二〇〇六年にそれが改正強化され、さらなる機会均等が求められるなど、女性の就労が奨励された時期でもあった。母乳推進と女性の就労勧奨という相矛盾するキャンペーンが、それぞれの事情から同時並行的に行われていた時期なのである。

そういう社会にあって、乳児を育てる就労女性は、育児と仕事の間でジレンマに悩まされていたことであろう。一九九七年の母親はその多くが早すぎる離乳に向けた指導に苦しみ、子どもにすまなく思いつつ自分も未練を残しながら、必死で離乳しようとしたにちがいない。専門家の指導で乳房に顔の絵を描いて子どもを乳房から遠ざける「桶谷《おけたに》式断乳」(母乳育児を推奨し桶谷式母乳育児を提唱した助産師の桶谷そとみによって考案された離乳法)の勧めは、この時期の母親を大いに救済したことであろう。

その後、早期離乳の縛りが緩んで長期哺乳が勧められるようになり、実際の母乳終了時期も後傾していったが、興味深いことに後傾化の勢いは徐々に鈍化し、母乳イメージも上昇することなく停滞もしくは下降していった。よいものだから長くあげようという専門家の指導下にあって、それにもかかわらず母乳期間はさほど目覚ましくは伸びなかったのである。まるで母親の密かな抵抗をみるようでもあり、医学の専門的な勧めと母親の選択には、このように微妙な隙間も存在していた。

食を通じた親子の共感と衝突

食育基本法はその序文で、「子どもたちに対する食育は、心身の成長及び人格の形成に大きな影響を及ぼし、生涯にわたって健全な心と身体を培い豊かな人間性をはぐくんでいく基礎となる」とうたっている。つまり、おとなが正しい食を子どもに提供することによって、子どもが適切に発達するという考え方が述べられている。

しかしそういう側面と同時に、子どもの食は彼らの動物的たくましさによって駆動されるものであるということも認識しておく必要がある。おとなの設定に導かれる従順な子どもという図式だけでは、子どもの食の全貌は語れない。

家庭で子どもの食事を観察すると、食べ物の供給場面で、子どもの開口と同時に母親の口も自然に開いてしまうという興味深い行動が見られる。食べさせる母親が、食べさせてもらう子どもの気持ちになっており、母親の共感性の表れといえる(こうした行動を「共感的開口」と呼ぶ。これについては、第4章で詳しく論じる)。食は摂り方を間違えれば、むせたり喉に詰まらせたりして、悪くすると窒息の危険性もある。そのため、共感性に裏打ちされ、自分が食べるかのようにして、親が子どもの気持ちに寄り添いつつ食を供給するのは、大事なことであろう。

遊びの場面で、親が子どもの発声に同期させて、自分も同じ発声を重ねることがある。このような行動を「共行動(coaction)」という。それは母子の結びつきを形成する初期のアタッチメント行動であるとされる(Stern et al. 1975)。それと同じように、親の意図を子どもが読み、また子どもの意図を親が読むという意図の読み取り合いの駆け引きがあって、初めて食のやりとりがスムーズに進む。

食とは食べ物という第三項をめぐっての、親と子どもの身体の同型性(同じ姿形であること)をふまえた特殊な三項関係である。食は子どもの口腔《こうくう》体験であるが、それを与える親にも味覚や舌触りなどの口唇《こうしん》感覚が自分の中に共感的に喚起される。同様の共感性は、子どもの注射場面における痛みや、くすぐり遊びにおけるくすぐったさにもみられる。ヒトの親子間に生じる独特の共感性を通じて、親は子どもとの一体感を共有し、疎通性を高める。おそらくそのような特徴が、食の同期(行動のタイミングが一致すること)という大切な機制を生み、それによって食がスムーズに展開されているのであろう。これは、食における子どもの主導性を示す重要な事実である。

母乳や人工栄養の停止としての離乳は、固形物の摂取の始まりと表裏一体である。先述の通り、思うように食べてくれないことは、子育てする親の悩みの代表格だ。ヒトの離乳食には、他の霊長類とは異なって、親が一定量の食べ物を調理して用意し、子どもに供給するという特殊性がある。子どもの命と健康に直結するため、親はその内容や量に極めて高い関心をもつし、ちゃんと食べてくれないことが強いストレスとなる。

しかしながら、栄養価や衛生などの要因よりもむしろ、子どもにとっては固形物を摂取する際に得られる快感情の方が重要である。子どもは、見た目に興味をそそられるか、いい匂いか、口に入れておいしいか、といった感性的な要因にもとづく能動性によって食を行う。欲しいものを欲しいだけ、欲しい時に思うまま食べたいという自己中心的な食べ方であり、それは強い貪欲さとなって表明される。親は正しく適切な食をバランスよくきれいにという思いをもっており、そのことが子どもとの間に衝突を生んで親を悩ませる。

食をめぐる自律と対立は、偏食、過食、小食などの「わがまま」となってあらわれる。親は子どもの食の責任者なので、自分の期待するように食べてほしいという意識は強く、その通りにしてくれない子どもに対しては大きな不満をもつ。他方、子どもの食はそういう親の思いとは無関係に、空腹の身体と食べ物の魅力にともなう食欲によって駆動される。食は生きるためなる。

の根幹であるだけに、親と子どもの異なる志向性が真っ向から衝突すると、抜き差しならなく

「イヤイヤ期」といわれる時期の子どもにとっては、あえて親に逆らうことが自立の機会ともなるので、食の対立は自己主張の有力な手段となる。親にとって食が子育ての悩みの筆頭格であるのは、こういう事情が背後にある。繰り返すが、食育基本法の序文にうたわれているような、親が保護して成長を導くといった子ども像だけで子どもの食に向き合おうとする態度は、現実と乖離する場合も多く、親にとってのストレス要因となる。

3　多様な「子別れ」の実践

子どもがぬいぐるみや毛布のようなふかふかしたものを、好んで手元から離そうとしないことがある。イギリスの精神分析医D・ウィニコットは、そうしたモノを「移行対象」と呼んだ(Winnicott 1953)。母親への依存状態から脱して個としての成長へと移行することを、これらのモノが支えている。玩具での一人遊びも含め、安心できる環境の中で個になろうとする性質は、自律性を志向するヒトの大きな特徴である。

ヒトの子どもは、不安な場面では母親との身体接触を求める。しかし、このように安心できる対象としての母親を求めるという求心性の前提だけに立って子どもをみていては、子どもの実像を誤解することになる。ヒトの発達を考える際、安全に母子が離れること、さらに離れたりくっついたりを繰り返すことの意味について、もっと光を当てることが必要である。この節では母子の遠心性、特に「子別れ」という反発性に焦点化し、この側面から子育ての困難を考えよう。

離乳を促す子どものたくましさ

親にとって子どもは、いつまでも自分に依存するのではなく、やがては自分のもとから離れていってくれなくてはならない存在である。哺乳類の母親は、哺乳をはじめ、自分の身体資源を割いて子どもを育てる。しかしそれは親には負担なので、子どもが成長してそれを必要としなくなれば、なるべく早く自分の身体資源を与えずにすむようにしたい。それは親にとって、子どもに近づくのか遠ざかるのかという葛藤の問題である。前節で触れたように、そこから離乳のコンフリクトが立ち現れる。

離乳期に入ると、母親は母乳を求める子どもを拒絶し、子どもはやむなく栄養源を固形物へと切り替える。離乳期に栄養をめぐる母子間の軋轢《あつれき》が顕在化してコンフリクトが生じるというのは、アメリカの社会生物学者R・L・トリヴァースが提示した重要な枠組みである(Trivers 1974)。この考え方は、求心的な側面からのみ母子像をとらえてきたそれまでの考え方に、発想の転換を迫った記念碑的な理論である。

母乳を求める子どもを母親が一貫して拒否するというような状況は、ヒトの場合、天変地異や戦争、恐慌による飢餓など特殊な状況でなければ起こりにくいかもしれない。江戸時代には飢饉の際などに、親が子どもを育てられなくて捨て子が多発し、他の家族が生き残るための間引きなどもあった。資源の限られた厳しい環境で子育てが行われていた時代の話である。子どもに与えるべき乳が出ないというギリギリの状況で、もらい乳や摺粉《すりこ》を与えるなど工夫されていたと記録にある(沢山 二〇一七)。また、重湯《おもゆ》などの加工食も母乳の代わりとされていた。

いずれも、授乳における母親の身体機能を外部的に補助するものだった。そんな代用食品で本当に間に合ったのだろうかという疑問もあるが、わらをもすがる思いだったに違いない。それが曲がりなりにもうまく成り立ったとすれば、それは母乳の代替物を拒まずに摂取する子どもの貪欲さと、それで命をつなぐことが可能な子どもの動物的生命力のおかげであろう。

これらは親の主導性による離乳の図式だが、しかし子ども自身の側にも、いつまでも母乳に頼らずに、自立を志向するという側面もあることを忘れてはならない。ニホンザルの母子を観察すると、離乳開始期の直前に、食べ物を食べる母親の口元をじっと見つめる行動が子に観察される。ヒトでも、親の食べる口元を見つめてよだれを出すというのが、離乳食開始の時期を決める一つのサインとされる。

対立から生まれる親子の対等性

ヒトの赤ん坊は乳から固形物への切り替わりにおいて、離乳食という特別な移行食を与えられることを特徴とする。離乳食は、子どもが自分の身体で行うべき咀嚼《そしゃく》と消化の過程を外部化したといえるものである。乳から固形物への切り替わりとは、匂いも味も口当たりもすべてまったく乳とは異なる新奇な食べ物を、恐れも警戒もしないで貪欲に取り込むという積極性が子どもにあって、初めて可能になる。

アメリカの心理学者P・ロジンらは、さまざまな種類のものを五歳までの子どもに提示して、それを摂取するかどうか観察した(Rozin et al. 1986)。この実験で提示されたのは、バナナなどの普通の食べ物、クレヨンなどの食べ物ではないが食べようと思えば食べられなくはないもの、バッタなど食べることが嫌悪されるもの、洗剤など食べ物ではなく食べると身体の不調をもたらしかねないもの、チョコレートシロップのかかったスパゲッティなど、普通ではありえない組み合わせでげんなり感を引き起こす食べ物、などである。子どもたちはそれらを提示されると、驚くほど忌避しないでそれらを摂取することがわかった。子どもの楽天的な能動性が発達の推進役となっている。

この貪欲さは食の発達を支えるとともに、食べ物でないものを摂取しないように親が配慮してやらないと、誤飲事故にもつながりうる諸刃の剣となる。果敢に挑戦する子どもと、その危うさが生むリスクを防止する親という二者関係は、歩行の開始の際にもみられ、この時期独特のものである。

子どもはけっして親の愛情を待ち受け、求め、受け入れるだけの存在ではない。自らの自立が脅かされるような親のいきすぎた保護や介入に対しては、子どもの側から拒否が示されて、その過剰性が牽制《けんせい》される。言いかえると、子どもも積極的に子育てに参画し、母子が協働して相互自律を達成するのである。一人で孤軍奮闘することなく子育てするには、子どものそういった能動性を親がうまく利用することが秘訣である。逆に、その力を不当に小さく評価して支配的に関わろうとすると、子どもからの反発を招くことにもなる。

子どもの自立における母子間の対立モデルに対して、「ダイナミック・アセスメント」という考え方がある。これは、母親と子どもは、自立を達成するように協力して互いの状態をモニターし合うという主張である。母親の拒否は絶対的なものではなくて、子どもの状態に探りを入れるための行動であり、相手の反応次第で、母親は子どもへの行動を柔軟に変えているのだとした(Bateson 1994)。

自立の始動期にいる子どもには、親への依存と自立への欲動が混在している。「かわいい子には旅をさせよ」というように、親は子どもをよく観察し、それにもとづいて場面に応じた柔軟な対応を行わねばならない。対立を契機にした親子協力の姿であり、母子関係の対等性を重んじる「コンパニオンシップ」にもつながる母子観といえる。親の関わりかけに対して子どもも一人前に自己主張する「イヤイヤ期」というのは、こういう状態のことであろうと思われる。こういった子どもの「弱強さ」をふまえ、ダイナミックな協力と調整の観点から親子を対等にみることは、子育ての困難を回避もしくは縮小するために有効であろう。

身体産生物への不快

食べたものは、体内で消化・吸収された後、不要なものはやがてカスとして体外に放出される。排泄物は適切に処理されないと、本人と周囲が不快に感じるばかりでなく、健康障害にもつながる。幼い子どもの排泄物や痰《たん》、鼻汁、垢《あか》などの分泌物や老廃物（以下「身体産生物」という）は、子どもが幼いうちは自分でうまく取り除くことができず、親が処理してやることになる。それは親にとって、子どもと遊んだり、哺乳したりするような楽しい作業ではない。子育ては親にとって、快ばかりではない両価的なものであることを実感させられる場面である。

大きく丸い頭部、つぶらな瞳、小さな口などの要素からなる幼児図式は、ヒトの子どもに対する保護行動を解発する刺激である。視覚だけでなく、赤ん坊のかわいい声は聴覚的解発刺激、いい匂いは嗅覚的解発刺激、すべすべプニプニした膚《はだ》や柔らかな頭髪などは触覚的解発刺激として、これらも親の接近・接触を引き起こす。サルの種によっては、赤ん坊時代にだけ独特の鮮やかな色の体毛を身にまとうものがいる。それらの解発刺激特性は、子どもの成長とともに消失する。

一方、排泄物の臭いは、逆に成長とともに増大し、子どもの身体への不快をつのらせる要素となる。とはいえ、子育ては厭《いと》わずそれに関わらなくてはならない営みであり、ヒトの場合、そのギャップを埋め合わせてくれるのが、ティッシュペーパー・ガーゼ（お尻ふき）やおむつ、おまるなどの育児具や衛生用品である。

私は、母親に対する質問紙調査によって子どもと自分、および他人の身体産生物への不快度を比較したことがある。すると興味深いことに、母親が感じる子どもの身体産生物への不快は、子どもが乳児の時には自分自身の身体産生物への不快ほど大きくないという結果だった(Negayama 2000)。

自分や他人の身体産生物への不快度は、いくつになっても比較的コンスタントであるのに比して、子どもの身体産生物への不快度は、子どもの成長とともにじわじわと上昇していた。そして子どもが五歳頃になると母親自身のものに対する不快と釣り合い、大学生の子どもではそれを凌駕することになった。まさに自立を具現する「身別れ」の指標である。

さらに、身体産生物への不快度を父母で比較したところ、父親による子ども(〇〜四七カ月齢)への不快度は、その父親の子育てへの献身度と反比例していた。すなわち子育てによく関わる父親ほど嫌悪感が有意に低かった。一方、母親の場合には、そのような有意な対応は見出されなかった。言いかえると、父親の場合は、子どもの身体産生物に抵抗の少ない人が子育てによく参加する傾向がある一方で、母親の場合は、身体産生物への不快度の高低が子育てへの献身度に対応していないということであった(根ヶ山 二〇〇一)。

このことは、母親は父親に比べると、子どもの世話の動機づけの強弱に関わりなく、その子育てにおける不快な部分に関与せざるをえないことによるように思われる。逆に父親の身体産生物への不快度と子育てへの献身度との反比例は、子育てに積極的な父親が繰り返し身体産生物の処理に関わり、それを通じて慣れが生じ抵抗が減ったためだという見方もできる。

この問題の背後には、「臭いものに蓋をする」という今日の生活スタイルが横たわっている。たとえばトイレは、昔は汲み取り式で、ヒトの排泄物は日常的に他者の目と鼻に触れるものであったが、現在では水洗式となり、臭気の自動排気はおろか、噴水で洗い流すという、訪日した西欧人を一様に感激させる仕組みまで導入され、普及している。デオドラントが重んじられ、他者の体臭や口臭は公的な場から徹底的に消し去られ、音までもマスキングされている。人の身体的な感覚が社会から遠ざけられており、日本社会ではその傾向が一層強い。

子育てに特化していえば、布おむつから紙おむつが主流になった。子どもの排泄物を手で洗い流して繰り返し使い込むものから、一度使うだけで、排泄物を目に見えないようにくるんで捨てるものになった。抱っこひもやおんぶひも、ベビーカーなども、本来抱きに必要であった親の手を半ば不要にし、その意味で霊長類独特の子ども保護のスタイルを逸脱したものとなった。哺乳瓶も母子から身体接触的コミュニケーションを遠ざけた。子どもにスマホやタブレットを手渡してそれであやすなどということも珍しいことではなくなっている。

そもそもテレビやビデオ、ネットの動画などを子どもに見せておとなしくさせておくというようなことも、身体のリアリティを遠ざけて、子どもをバーチャルな世界に引き入れることになる。新型コロナのパンデミックが起きた際、三密回避が叫ばれ、さまざまなコミュニケーションがオンラインによってなされ、身体接触が極力忌避された。また、マスクも顔面の表情や吐息といった相手の身体情報を覆い隠すことになった。それらは束となって、ヒトの生活からリアルな生活の実感を遠ざけることになった。

抱きも哺乳も身体産生物の除去も、すべからくリアルな「身体体験」そのものである。それは身体性(embodiment)として発達に影響を与えているが、現代は清潔や利便性などを優先させることで身体を遠ざけ、結果としてその学習機会が少なくなってきていることに留意する必要がある。子育てとは身体的事象にどっぷりと浸かることであり、身体性の本丸である。子どもは動物的身体性に満ちあふれた自己主張的存在であり、子育てはそれを嫌というほど実感させられる場面である。今日の親が、あまりに脱身体化した生活に慣れてしまっているとしたら、正面から全身でぶつかってくる子どもの強くたくましい身体性を受けとめかねることにもなってしまう。

共寝か別寝か

サルの親子は、子どもが眠っていても手による抱きとしがみつきで身体接触を維持しているが、ヒトは分離的であって、子どもが寝入ったら親はそのもとを離れる。寝かしつけの時、子どもは分離を嫌がってそれに抵抗し、目覚めれば接触回復を求めて泣く。それでも分離するのは、接触を保って子どもの保護を続けることが親にとっては負荷のかかる行為であり、子どもが安定して分離してくれると、親はその負荷から解き放たれて子育て以外のことができる、というのが一つの大きな理由である。後で述べるように、この入眠の際に子どもを強制的に分離するか、それとも身体接触を保つかは、親子のせめぎ合いにおける重要な選択肢である。

親も夜は自分の睡眠を邪魔されたくない。長時間母親から身体的に離れて安定した横臥《おうが》を続けるうえで、ヒトの扁平《へんぺい》な身体と豊かな皮下脂肪・褐色脂肪による保温が有効である。そして子ども部屋、布団・ベッドなどのモノがそれを行うことを可能にしている。子どもから離れて寝れば、親は安定した睡眠が手に入るが、それだと目覚めた子どもにすぐに対応することができないし、子どもが遭遇する危険にも気づきにくくなる。その典型例は、寝かしつける時には元気だった乳児が、次に見たら冷たくなっているという「乳幼児突然死症候群（ＳＩＤＳ）」の問題である。子どもをどこで誰と寝かせるかは、安息と安全のトレードオフとして、親と子にとって大きな問題なのである。

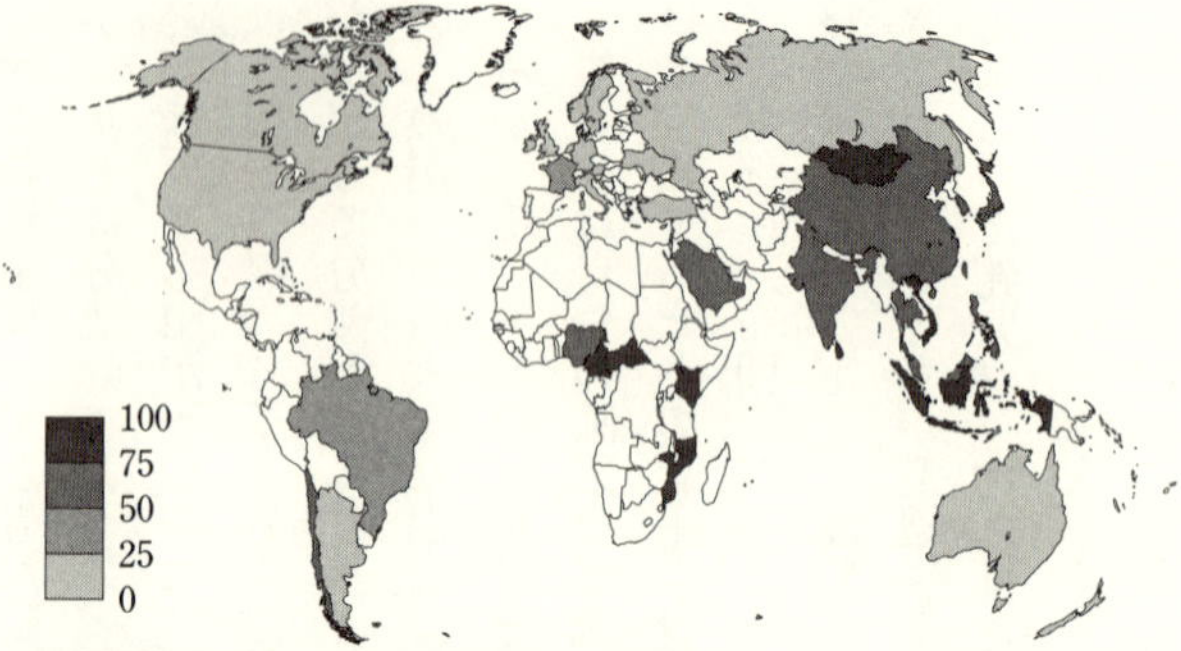

※色の濃い(数値が高い)方が同床就寝の傾向が強く，色の薄い(数値が低い)方が別床就寝の傾向が強い．なお白い地域はデータ不在．
出典：Mileva-Seitz et al. 2017 より作成

図2-3　同床就寝タイプと別床就寝タイプの分布

日本では、幼い子どもと母親は通常同じ部屋で寝る。場合によっては同じ布団で添い寝する、あるいは「川の字」になって両親の間に子どもが挟まれて寝ることもある。同じ部屋、同じ布団で寝ることは共寝(co-sleeping)と呼ばれ、特に同じ布団やベッドで寝ることは同床就寝(bed-sharing)と呼ばれる。逆に別々の部屋に親子が離れて寝ることは別寝という。世界は共寝と別寝の文化圏にきれいに二分され、日本などアジア、アフリカは共寝文化圏、アメリカやイギリスなど欧米は別寝文化圏である(図2-3)。世界のこの見事な二分化は、ヒトの子育てについて一体何を意味しているのであろうか。

就寝スタイルと親子の確執

イギリスの家庭で別寝の親が子どもを寝かしつけ

るところを観察すると、まだ起きている子どもを強制的にベッドに置いてそばを離れ、子どもの泣きを親は意に介さない。イギリスでは、出産後退院して自宅に帰ると、すでに新生児用の子ども部屋が親の寝室とは別に用意されていて、その夜から別寝が開始されるということも珍しくない。私がイギリスで別寝の親にその理由を聞くと、子どもの自立心を養うためという答えが返ってきた。

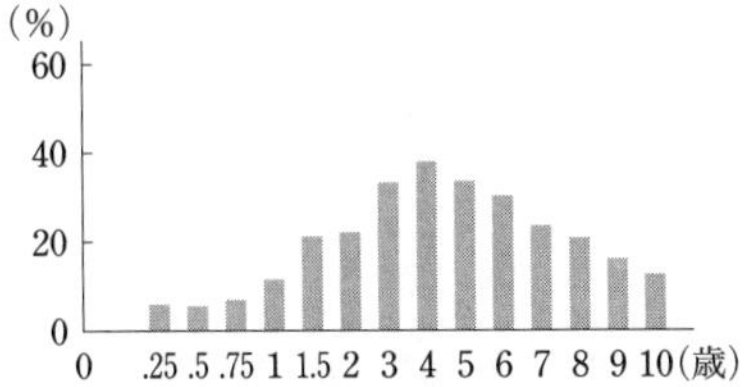

出典：Jenni et al. 2005

図2-4 スイスの家庭における10歳までの子どもと親の同床就寝

子どもは親から離れた場所に寝かされた場合、唯々諾々とその別寝を受け入れるわけではなく、泣いて抵抗し、親を困らせる。西欧の家庭では、「睡眠問題」といわれ、子どもの睡眠をめぐってトラブルのもととなっている。「反応性共寝」といって、親が一旦別寝を選択してもやがて子どもの抵抗に遭い、不本意ながら共寝へと後に移行することがかなりのケースでみられる。たとえばスイスの研究では、親子の同床就寝は生後すぐには少なく、その後徐々に増えて四歳頃にピークに達するという(図2-4)。要求に反して分離就寝を強いられてきた子どもからのいわば逆襲であり、夜間子どもをどこで寝かせるか、親がどこで寝るかは親子の深刻な覇権争いなのである。

保護と自律という相容れない志向をもつヒトにとって、共寝は親による子の保護を優先させる就寝スタイルで、別寝は個の自律を尊重する就寝スタイルだといえる。あるいは、共寝が子どもの利益を優先させる就寝スタイルで、別寝が親の利益を優先させる就寝スタイルであるという言い方もできよう。

別寝で子どもが泣いて親を求めると、親が子どもにまず行うことは主に抱きと授乳である。もちろん空腹で泣くことがあるが、悲しいと口寂しくなって何かをくわえたくなることも多い。指しゃぶりもしかりである。母親が乳首を含ませれば、それが刺激となって乳汁が分泌されることになり、共寝の親子では母乳哺育が長期化しがちとなる。そうすると排卵が抑制されて、次の子どもができにくくなる。

それは摂乳している子どもが親の資源を将来の自分の弟妹に譲らず、自分で受け取り続けることを可能にする。親にとっては今の子どもを守り続けることになり、次の子どもを妊娠したり、あるいは子育てを終えて一人の女性としての生活に戻ることの遅延を意味する。言いかえると、子どもは親の資源を獲得し続け、結果として自分の生存確率を高めるという意味で、子どもが親を操作し、自分の繁殖戦略に引き込むことを意味する。

これは、睡眠が母子の隔たりの調整と深く関わる行動であることを示している。また夜間に子どもがどこで寝るかということは、父母がどこで寝るかということとも表裏の関係にある。父親と母親、つまり夜間における夫婦の関係、すなわち性の問題とも関わっている。それが母乳哺育と直結していることは、乳房が今の子どもの養育と、次の子どもにつながりうる性という二つの相克的な役割を担う「切り替えスイッチ」であることを意味している。欧米の研究者と母乳哺育の話をすると、しばしば性的な話題とリンクするという経験がある。まさに睡眠と母乳と性とが乳房を交点に、繁殖戦略として重なり合っているのだ。共寝と別寝の分布が世界的に二分されるということは、このように夫婦の関係性の文化差の反映でもある。

私はいくつかの日英比較研究を通じて、子ども中心の子育てを行う日本と、親中心の子育てを行うイギリスという文化差を繰り返し確認してきた。この就寝スタイルの二分化も、別寝は親中心、共寝は子ども中心という子育て観をふまえている。

それは同時に、子育てがその二つの主義の混合戦略が展開される舞台であり、どちらを重視するかによって様相を異にする、トレードオフなのだということを実証している。このことについては、第4章で詳しく議論する。

イスラエルは親子別寝の国の一つとされる。同国独特の共同生活施設であるキブツで、当初、子どもは自宅で寝る親と別れ、自宅以外の「子どもの家」でアロマザーと共同就寝していた。ところが後に子どもが親から離れて寝ることへの反対意見が強まり、キブツでは夜間は自宅で就寝するスタイルに変更された。しかしそれにもかかわらず、家庭の中では、親子は別寝のままであった。

このことは、いわゆる別寝も、実は家庭という空間が可能にした、分離と保護の妥協の産物であることを示している。この例でも、就寝が、子どもの保護と母子の自律という矛盾の重要な調整の場面であり、親子のどちらを中心に考えるかという、拮抗する価値観の試金石であることが強く示唆されている。

第3章
「体罰」について
――求心性と遠心性から検証する

動物の親子には利害の対立する局面があるが、それはある意味当然のことであり、必ずしも忌避すべきことばかりではないということを前章で確認した。ただし、親子の衝突が高じると親による体罰や、さらには虐待へと深刻化してしまうおそれもある。今日、親による体罰に対して強い批判がある一方、擁護論も根強く存在する。親子の対立や衝突はもとより、どこまで子どもに厳しく接するかも親にとって悩ましい問題である。本章ではこのデリケートな問題について検証し、それを通じて子育ての困難とその軽減を考えてみたい。

1　体罰と自立への促しの違い

インターネットで「怒らない子育て」をキーワードに検索すると、その類いの本がたくさん刊行されていることがわかる。怒りを爆発させずに周囲と平穏につき合う技術である「アンガーマネジメント」の子育てバージョンである。もちろん、身体面で力の弱い子どもに対して、力の強いおとなが感情にまかせて怒りをぶちまけたり、まして体罰のように暴力でねじ伏せることはあってはならない。

ただし、「怒らない子育て」の流行には、おとなが子どもに厳しい態度を示すことそのものを忌避する風潮の強まりが関わっているかもしれない。その背後には、子どもを「保護すべき弱い存在」としてのみとらえる発想があるのではないか。子どものしたたかな側面を見ることなく、こうした発想のみで子育てに向き合えば、親は苦しくなるばかりだし、子どもと親の関係もバランスを欠いたものになりかねない。

また昨今は「鬼から電話」というスマートフォンのアプリもある。なかなか寝ようとしない子どもに手を焼いた親がそのアプリを立ち上げると、鬼や妖怪が画面に登場し、恐ろしい形相と声で「寝ない子は連れて行くぞ！」とすごむのである。おとなが見てもなかなか迫力があるが、これも変則的な「怒らない子育て」であろう。正確にいうと、鬼に怒ってもらって、親は優しい仮面をかぶり続けるのである。

このようなアプリは今時のスマホ世代における新手の子育てツールであるが、こういう仕掛けは昔から、秋田のナマハゲや岩手のスネカ、鹿児島のトシドンなど来訪神という形で、私たちの風習の中に息づいている。異界から恐ろしい使者が下界に下りてきて、親の代わりに「悪い子はいないか」と子どもを叱ってくれる。いつもは聞き分けなく親をてこずらせる子どもが、恐怖に顔を引きつらせ泣いて行状をわびるし、その子を優しく抱きしめてやれば、子どもの信頼も勝ちえて、強い親としての面目も立つ。

そういう仕掛けが各地に存在することは、ことほど左様に子どものわがままが親の悩みの種であることを示している。子どもはかわいいだけではないし、また子育ては楽しいことばかりではない。それどころか子どもの聞き分けのなさに直面して、苦悶する親も多い。イライラが高じ、腹に据えかねてついわが子に手をあげてしまいそうになることもある。困難の連続であるが、同時にあふれる喜びや子どもへの愛おしさももちろんある。

このように子育ては至福の時と苦悩の時とを両極として、その振幅の中で両者がない交ぜになっており、ある種の精神修養をともなう営みである。「育児は育自」と言われるゆえんである。自己主張をして親のいうことを聞こうとしない子どもを前にして、物わかりのいい受容的な親を演じ続けることには注意が必要である。それは子どもを増長させて、ますます聞き分けのない子にしてしまうかもしれないからだ。逆に「子どもをつくる」という考え方に象徴されるおとな本位の考え方は、子どもの自律的な伸びやかさを萎縮させてしまいかねない。

虐待は論外としても、ことは「弱く惑う子どもと強く導く親」という一面的なイメージだけでかたづけるわけにもいかない。もっと子どもの本質、親子関係の本質を見つめ直し、そこから関係のとらえ直しをする必要がある。子どもはしたたかな存在であり、子育てはとても一筋縄ではいかないのである。

広がる体罰禁止の考え方

二〇二〇年に厚生労働省(厚労省)が公開した報告書「体罰等によらない子育てのために——みんなで育児を支える社会に」では、身体に何らかの苦痛を引き起こし、または不快感を意図的にもたらす行為(罰)はどんなに軽いものであっても体罰に該当し、法律で禁止されるとしている。子どもの身体に苦痛や不快を引き起こす行為との決別宣言である。

その背景には、一九七九年に世界で初めてスウェーデンが体罰を禁止したのを皮切りに、体罰禁止の法律化の動きが世界中に急速に広がってきているという現実がある。「子どもへの暴力撲滅《ぼくめつ》グローバル・パートナーシップ」によれば、二〇二三年現在で六六カ国が子どもへの体罰を禁止しているという(図3-1)。

日本でも二〇一九年六月に成立した児童福祉法等の改正法において体罰が許されないものであると法定化され、二〇二〇年四月から施行された。その主張は、次のような根拠にもとづくとされてきた。体罰は子どもを攻撃的にする、力で子どもを萎縮させるだけで真の問題解決にはな

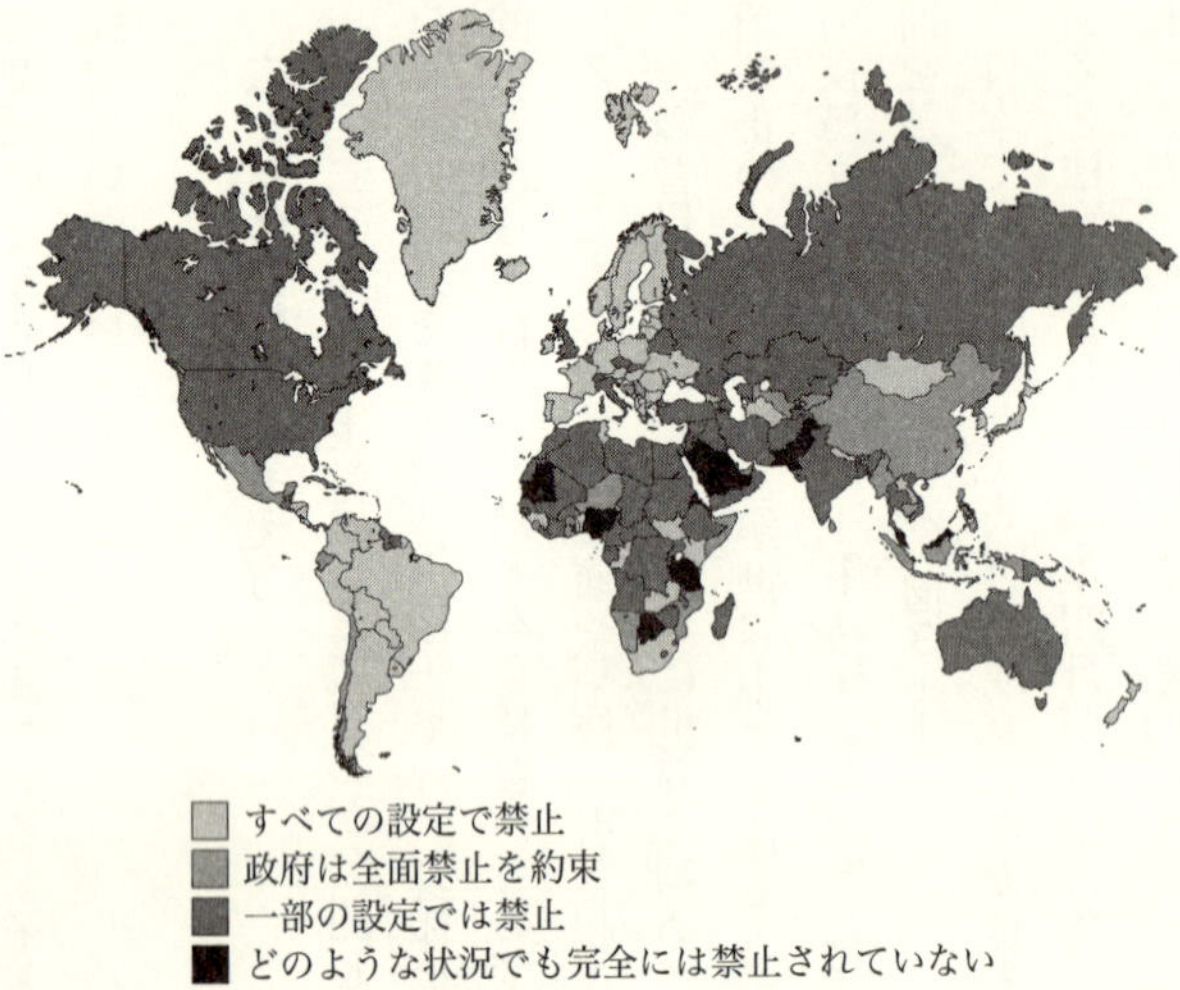

出典：End Violence Against Children, 'Ending Corporal Punishment'

図3－1　世界における体罰禁止の現状

らない、暴力によって子どもが犯罪などに走りやすくなる、暴力はエスカレートして虐待に発展しうる、虐待や体罰、暴言を受けた体験はトラウマとなってその後の成長・発達に悪影響を与える、などである。

児童憲章や子どもの権利条約（わが国は一九九四年に批准）などにもみられるように、幼弱な子どもをおとなが正しく守るべきだとする考え方が存在する。

たとえば子どもの権利条約前文（政府訳）には「児童は、身体的及び精神的に未熟であるため、その出生の前後において、適当な法的保護を含む特別な保護及び世話を必要とする」とうたわれている。

食育基本法などの精神もこれと同様であった。また最近は子ども時代の逆境体験が、心身の健康に対し生涯にわたる悪影響を及ぼすという知見も注目されている(Hays-Grudo & Morris 2020)。

もちろんむやみに子どものからだに苦痛を与えるのは人権侵害であるし、ひどい折檻のような場合は言語道断である。今日の教育現場や家庭で、そのような暴力によって命を落とす、もしくは命が脅かされる子どもが後を絶たないことを考えれば、体罰禁止の風潮は当然の流れであり、大切なことである。これらが弱い子どもを守るという研究のエビデンスとして示され、世界各国で体罰禁止の法制化が進んでおり、この問題はすでに決着しつつあるかにみえる。

精神的にも発達途上にあり、社会的に弱い立場にある子どもを、おとなが暴力や虐待によって支配することはあってはいけない。体罰というものをこのようにとらえるならば、体罰は絶対に排除すべきものである。まずはこれを議論の基本線として確認しておこう。

ところが、体罰を禁ずる法律ができても、依然として社会の一部には体罰擁護論が根深く残っており、親子関係のみならず、教育の場などでも体罰が後を絶たないという現実がある。図3-1をみると、体罰を禁止する割合がヨーロッパや南米では高いが、アメリカやイギリスなどでも全面的に禁止とはなっていない。このことは、特に親子関係において、体罰を禁止するという単純なスローガンだけでは何かが欠けており、それが問題の真の解決を妨げているようにすら思われる。そしてそのことは、私たちの子育てを難しくする一因となっている。

確かに、虐待など深刻な体罰には、その向けられる身体部位や行動パターンなど、外見上の明瞭な特徴があることが多い。また、電気コードで叩いたり、タバコの火を押し付けたり、熱湯をかけたりなど、しつけなどとは異質なモノが用いられることもある。そういった特徴が認められれば、背後に虐待の存在が強く疑われる。

しかし逆に、手で直接行う月一回程度以下の軽微な体罰であれば、子どもに長期的な悪影響を与えないとする研究報告もある(Lansford et al. 2012)。親子関係がダイナミックな丁々発止の駆け引きを行うものだと考えれば、身体的な接触をともなう罰には、種類や強度・頻度、向けられる身体の部位、やりとりの展開、さらには親の側の意思や感情など大きな多様性があって、グラデーションが存在する。次に動物の親における子への攻撃行動の例で詳しく述べるように、子どもに対して身体的な接触をともなうネガティブな行動をすべて否定するのは、正しいことはいえない。

その軽微なものになると、親子間の対応として適応的な機能があるとみなしうることもあり、日常的な子育てとの境界が判然としないのも事実である。グラデーションや多様性があるものに対して、一律に「体罰」のような単一のカテゴリカルなラベルを用いて排除することは、一見明快なようでいて、話をかえって混乱させ、誤った結論を導いてしまいかねない。その意味で、今の世界規模での体罰禁止の動きについては、慎重に議論することが必要である。

ここでも、議論の硬直化や観念化を避けるために、動物のリアルな姿から学ぶことが有効である。実際に親子間の愛については、トリのひなが親を学習するインプリンティングの仕組みや子ザルのしがみつき行動などが重要な示唆を与えてくれている。その発想を親子の衝突にも応用し、動物の行動にこの問題を客観的かつ冷静に考えるヒントを求めてみたい。

私はかつて、サルの離乳における子どもと親の主体性のせめぎ合いを研究してきた。その中で行ってきた離乳と親子間の反発性(子別れ)の考察は、ここでの議論と深く関わっている。次にその観点から、これまでの体罰をめぐる論議において欠落してきた点を指摘してみよう。

動物の親による抑制的な攻撃行動

ニホンザルの母親は、頻度こそさして多くはないものの、離乳期の子どもに対して、噛《か》んだり威嚇したりして抑制的な攻撃行動を向けることがある(Negayama 1981)。しかしその攻撃には、虐待を思わせるような憎悪の要素はない(図3-2)。これは、すでに幼児図式というかわいらしさの特徴が薄れてきた子どもが、それにもかかわらず自分にまとわりつくことに対する母親

図３－２　ニホンザルの母親の子どもに対する攻撃行動

のいらだちの攻撃というべきものである。
噛んだり叩いたりされることで、子どもは恐れの表情を浮かべて母親から逃げる。しかし噛むことがあっても、その対象は腕など身体の末梢部位に限られており、一瞬歯をあてるだけの形骸化された甘噛みで、体を毀損するようなことはない。威嚇の表情を示すだけのこともある。からっとしているのであり、受けた子どももすぐに平然とした表情に戻る。

こうした行動は乳分泌機能の低下した母親に対して、ある程度大きくなった子どもが乳をしつこくねだる場面でよく見られる。その結果、子どもが乳をあきらめて固形物へと向かうようになることから、実は子どもの離乳を促進する働きをもった適応的な母親行動であることがわかっている。

飼育下で同一の母子ペアを半月ごとに分離し、母親には麻酔を打って乳房を絞り、子どもには固形飼料を計量して与え食べ残りを回収したことがある。それをもとに母乳の分泌量と子どもの固形物摂取量をそれぞれ計測したところ、まさに野外でも飼育下でも母親の攻撃行動のピークが見られていたのは、母乳の減少と固形物の取り込みの増加の狭間の時期でもあった（根ヶ山　一九八七）。

離乳期の子どもの肥大化したしつこい要求が親子に対立を生み、それが子どもの自立を促進させるというのは、動物行動学の枠組みによる構図である。自立期の子どもの身体に対する無害化された攻撃行動や拒否が親に発現することは、「子別れ」としてキツネなどの食肉類でよく知られている（池田・塚田　一九九五）。子どもの自立に向けたコンフリクトを視野に入れた時、それは親子間に内在する矛盾・対立の発露として必然的に立ち現れる正常な現象である。

つまりこの抑制され無害化された攻撃は、子どもが栄養源を母乳から固形物へと切り替えて離乳し、その自立を促す大切な母親行動である。親のいらだちをきっかけとするものではあっても、それにふさわしい文脈と強度で行われる場合は、子どもの離乳と自律を促進する助けとなり、また母親を過剰な負担から解放するという意味で、子育てにおいて適応的な意味のある行動なのである。

場面への適応行動を形成するために報酬と罰（もしくは弱化）が存在し（いわゆるアメとムチ）、それによって望ましい行動を強め、望ましくない行動を弱めるとするのは、学習心理学の教える基本的な行動原理である。子どもには罰によって一過的に不快が体験されるものの、その不快な刺激が不適切な行動を弱め、結果として場面への適応が得られる。

動物は一般に、集団成員に攻撃行動を向けて好ましくない行動を変容・停止させ、集団の安定と秩序を維持している。そのような時に用いられる攻撃行動は、怒りに駆られて暴発するものではない。動物行動学で「儀式化」と呼ばれる形骸化されたものである。ちょうど繁殖期における雄ジカの角突きのように抑制がきいており、それを向けても大丈夫な部位と出してもいい行動パターン・強度がある。憎しみから相手を完膚なきまでに痛めつけるようなものではなく、相手の行動変容や追い払いが主目的である。相手が退散してくれればそれでよく、その点で道具的である。

ニホンザルで私が観察した母子間の攻撃行動も、子どもの発達にともなって親子に生じた矛盾を解消するために行われる、抑制され無害化されたものだった。むしろ子どもの不適切な行動を修正するものとして、自立に有効な母親行動である。

子どもは限られた親の資源を執拗に要求してくる存在であり、そうすることによって自らの生を維持させるのだから必死である。子どもは親に世話をねだり、親はそれに応じるというのが基本であるが、子どもは成長するにつれて、より強欲となり、親は半ば自立し始めた子どもを退けようとして、親子間で親の資源の争奪戦が起こる。子どもの過剰な要求を停止させるために、親は無害化された攻撃行動を示し、それに対して子どもは大げさに悲嘆反応を示し抵抗する。しかし結果として、執着を断ってその行動を受け入れ、自ら離乳を進めることになるので、その葛藤は、子どもにとっても適応的なことである。

憎悪の有無

動物はこのように、親が子どもに向ける適応的行動としての攻撃が存在することを教えてくれる。親から子どもへのネガティブな関わりは、攻撃とはいえ抑制が効いていて無害化されており、いわば「たしなめ行動」というべきものである。虐待のように深刻ではなく、むしろ普通に見られる行動である。

親からすれば、従順でかわいいわが子と、聞き分けなくわがままを言うわが子のギャップに戸惑うとともに、子どものためを思う親心も知らず口答えする子どもについいらだちを覚えることは頻繁にあるにちがいない。まさにヤマアラシのジレンマのたとえどおりの場面である。

動物の場合はクールに、攻撃行動と表現してもさして違和感がないであろう。しかし、ヒトの親子にその言葉を使うことに抵抗を感じる読者は多いかもしれない。他の動物に比べ、ヒトは相手の心を読む力が抜きん出ている。それが相手への同情や共感を生み、相手を愛し保護することにつながる。だが、そういうヒトの特徴が、敵対する人物への怒りの感情と結びつくと、たとえば戦時下の敵に対する攻撃のように、人道的に認められないおぞましい行為を引き起こすことがある。憎む相手の恐れや痛みが共感されるからこそ溜飲が下がるのであり、ヒトの恥ずべき側面である。いわゆる虐待とは、それが親から子どもに表れたものである。

しかし、虐待とは頻度も強度も行動型も異質な、抑制のきいた攻撃というグレーゾーンがあるという重要なことを、動物は淡々と教えてくれている。こういう無害化された攻撃というものの存在を、実際の親子関係において認めようとしないのは、窮屈なことで現実的ではない。白か黒かではなくグラデーションの中で、子どもの立場や状況をふまえて、臨機応変に対応することが肝要である。その際、こういう軽微で無害な攻撃を機械的に排除するのではなく、親にとって重要な選択肢と考えてみる余地を残しておきたい。

たとえば親が子どもへの行動規制として他に適切な効果的方法を見出しえず、愛情に裏打ちされて極力抑制的に、子どもへのダメージを最小化して行う場合、あるいは親が日頃からわが子と良好な信頼関係を築いており、またその否定的な行動が与えた負の体験を事後に愛情をもって補償できる場合のように限られた場面でならば、あるいは子どももそれが自分の非に由来するものであることを理解してそれを穏やかに受けとめるならば、こうした対応までも排除する必要はない。過度な依存心やわがままな自己主張に直面して、愛する子どもを「叱る」時の親の心境とは、このようなものであろう。

攻撃でなくとも、水泳の練習でまだ泳げない子どもの手を一瞬離す、嫌いな食べ物を子どもにあえて勧める、嫌がる子どもを抱えて歯を磨いたり髪を洗ったりする、離れたがらない子どもを保育士に引き渡す、といった行為にも同じような意味合いがある。特に自立途上の子どもの親には、基本的生活習慣を身につけさせる際、こういう問題が試練として必ずといっていいほど立ち現れてくる。子別れの場面で巣穴から子どもを追い払うキタキツネの母親のごとく、親が子どものしつけのために「心を鬼にしなくてはならない」瞬間である。その場面に冷静沈着に対応できるためには、夫をはじめとする家族が母親の思いを支え、協力して子どもに関わることも重要である。

子どももおとなも主体的存在

これまでも述べてきたように、ヒトの泣きは子どもにとって必ずしも弱さの表れではなく、親によって示された拒否への抗議として、むしろ強い子どもの姿でありうる。親が子育て以外のことに手を取られていたり、半ば成長した子どもの姿から応答を控えたりすると、子どもの泣きは激しさを増して親子コンフリクトの度を強めることになる。

また子どもは自らの自立のステップとして、あえて親に逆らい親を挑発して自己主張することもある。それは親をいらだたせ、親の冷静な判断を鈍らせる（菅野 二〇〇一）。子どもの能動性が親のネガティブな行動を引き出すきっかけになるともいえる。

家庭と保育所という異なる文脈で同一の子どもを観察した研究からは、子どもは家庭で母親といる時、有意に強く長く泣きを見せることが明らかになっている（根ヶ山他 二〇〇八）。保育所という公共の場では自己抑制が求められるのに対し、家庭は子どもの自己主張と自立獲得の場であり、母親と子どもにとって確執のある「戦場」ともなるのである。

子どもが親にとって過剰な要求者になる場合、言い聞かせはもちろんのこと、親の抑制のきいた攻撃も子どもにとって我慢や行動修正を学習する契機となりうるであろう。自分の要求が理不尽であって、親がそれに対し適切な抑止行動をとっているならば、子ども自身もそれを受け入れ、行動を修正するものである。子どもにも自制と協力を通じて、親からの承認を得たいという欲求が存在しているからであり、それが自力でできることを示せるのは、子どもにとっても誇らしいことなのである。

そもそも、子どもの権利を認めるというのは、子どもを保護するだけでなく、それを主体的な存在と認め、その生きる強さを認めることでもある。それは子どもを、おとなとともに社会をつくる対等のパートナーとして遇することである。言いかえれば共生関係であるが、それにはおとなの主体性を認めることも同時に必要となる。親子の衝突は、その両主体性のぶつかり合いに他ならない。

そのような目でみると、いま世界レベルで湧き上がっている「体罰は禁止」というかけ声のもと、それ以上の思考を停止させるならば、それはかえって子どものためにならないことがわかる。親にも、完璧性を期待して「燃え尽き」のような逆の困難を招く可能性がある。ことは子どもの人権に関わることなので、慎重の上にも慎重が求められるが、時に複眼的にさまざまな角度から物事をとらえ、柔軟に対応することが必要となる。

親子の健全な反発性

ある親は強く出て子どもをコントロールしようとするかもしれないし、またある親は子どもを尊重して自分が我慢しようとするかもしれない。そして多くの親は日々、その両方の間で迷いつつ揺らぐ。試行錯誤を重ねながら当該の親子間にふさわしい落としどころを自分たちで見つけていく。優しいことが常に絶対的にいいこととは限らず、下手をするとそれが子どもの増長を招いて弊害となることもある。

家庭という狭い閉鎖空間の中では、親子であれ、夫婦であれ、きょうだいであれ、家族間のコンフリクトがつのることもある。家庭は自律と保護というアンビバレンスが際立つ場なのであり、衝突は避けられない。私たちが日常生活を過ごす場が、親子の衝突を増加させる元凶ともなるのである。

昔に比べて少子化が進み、親が個々の子どもの要求に対応しやすくなっている。それに加えて、日本の親は子どもに献身的に関わろうという志向性がもともと強いことにも留意しておきたい。慈愛に満ちて子どもを受け入れるというのは、先に述べた「怒らない子育て」のイメージと重なる。それに拘泥することは、親を不当に苦しめかねない。しばしば「いい加減」とは「いい」加減であるといわれるように、ここで述べたような、大らかさの中に包まれる否定性とでもいうべきものを許容することは、そのような親と子への救いとなるに違いない。

子どものために尽くそうとする親の傾向をテコに資源をせしめようとする子どものしたたかさが、親を悩ませる。繰り返し述べるが、親と子どもがそれぞれの主体性をかけて衝突し、その結果として関係を再調整することは、むしろ健全な発達現象というべきである（坂上 二〇〇五）。

子どもは行動ばかりでなく、前述のようにその身体産生物や体臭など、身体そのものが親にとって不快感の対象となりうるし、また子どもの成長とともにその不快感は増大する。赤ん坊時代のかわいらしさが成長とともに徐々に薄れていくことも、子どもへの保護を低めて反発性を顕在化させる。このような身体への拒否感は子ども自身の離乳や性成熟とも関係しており、そこには子どもが親から離れて他者に近づくことを促進するという適応的機能がある。

それとまったく同じで、抑制のきいた攻撃による身体的不快感も、子どもの行動修正の契機となる。体罰禁止の原則は厳守しつつも、そういった抑制的攻撃には親子の健全な分離という発達的意味が込められていることも同時に忘れてはならない。そしてそのように母親から分離していった先には、それを受けとめるアロマザリングの豊かな世界が、手を広げて子どもを待っている。

このような考えは、実は先の厚労省による報告書の理念とも根っこでは違わないように思う。ただ、それを絶対視して他の可能性、具体的にいうと動物がみせる様式化され無害化された攻撃のようなネガティブな行動までをも排除するのは、いきすぎである。

厚労省の報告書の最後に、体罰等に対する意識を一人ひとりが変えていく大切さと、保護者を孤立させない社会の実現がうたわれている。親の悩ましさを夫婦のパートナーなど周囲が理解し受けとめてあげることで、結果として救われる部分があるであろう。こういう議論を子どもの幸せとともに、親への寄り添いにもつなげたいものである。

2 揺らぎつつ行う子育て

子どもを取り巻く世界は、必ずしも親和的なものばかりではなく、一歩家を出たら車が猛スピードで走っていたり、子どもが見知らぬ人の甘言についていって悲惨な結果となったりするケースも少なくない。欧米では身代金目的で著名人の子どもを誘拐する事件が頻発していると も聞く。むしろ子どもを取り巻く世界はそのような危険に満ちたものとして警戒され、子どもを守ろうという機運がいやが上にも高まっている。

かたや「親子は他人の始まり」ともいわれ、実の親子であっても、一般に思われているほど親密なだけの関係でもない。また親子は求心性ばかりでは、過保護・過干渉の問題も生じて親子ともに自律がそがれる。前出のトリヴァース(五三ページ参照)が指摘したように、離乳場面では子どもから親への過剰な要求を親が拒否することもあるし、逆に、親の過剰な介入を子どもの側からブロックして自律を保とうとすることは、青年期の常である。

思春期に親と口をきかなくなることなどはその典型である。私にもそういう時期があった。自分でも説明のできない親への反発心に悶々とした記憶があるが、結局それが私の自立を促進させることとなった。今にして思えば、親をずいぶん悩ませたことだろう。親子間には絶えず引力(親和性)と斥力《せきりょく》(反発性)が同時に存在し、その両者には適切なバランスが必要である。

子どもの力を信じる

尻込みする幼な子の背を押して一人で頑張らせてみることは、一瞬子どもの抵抗を呼び起こすかもしれないが、結果として子どもを自立させることにつながる。子どもも、親に頼りつつも、自立のステージに立ちたいと自ら欲している存在である。それまでかわいかった子どもが口答えしたり、いうことを聞かなくなったりすることは、近づき合う親子関係をリセットし、相互の自立を促進する子どもからの子別れの姿である。

子どもの能動性には進化の裏づけがあり、見守りつつそれを応援してやるべきである。子どもに備わった力によって親が導かれると言いかえてもよい。その意味で、子どもはたくましくしたたかであり、その強さの源は自らの全存在をかけて主張する動物性にある。親子の対立が親を悩ませるのも、そのしたたかさゆえである。それは親とのこれまでの保護的な関係を卒業して、個化への旅立ちをはじめたわが子の頼もしい姿である。

その時は親にも、子どもに手を差し伸べたい思いをのみ込んで、自制することが期待される。それができるためには、親に頼りたい気持ちを克服する力が子ども自身に備わっていると親が信じてやらねばならない。

親の愛情に裏打ちされた見守りに促され、勇気を奮って新たな行動を達成していくことは、子どもにとって誇らしい成功体験となる。そういう試練を経ることで、子どもは世界を広げていけるし、それが子どもの自尊心と有能感を育むことにもなる。新規に保育所や幼稚園に入園したり、小学校に入学したりする際の不安と期待の共存は、まさにこういう時の子どもの心理状態である。

求心性と遠心性の楕円モデル

子どもは自律と依存の間で絶えず揺らぐ存在であり、ある時は親の介入を煙たがるが、次の瞬間にはそれを求める。あるいは煙たがりつつ求めている。養育者のそばで安心し、また好奇心から外を探索し、養育者が恋しくなるとその元に再び戻るという「安心感の輪」(Marvin et al. 2002)を成り立たせているものは、養育者と子どもとの間を近づける力と離す力の同時存在である。

　子どもの中には強さと弱さが同居していて、その比率が絶えず変動している。おとながその比を読み違えると、子どもとの間に不整合が生じる。子どもだけでなく、親も同時に求心性と遠心性の間で揺らぎ続ける存在である。親子それぞれ、相手のことを志向する位相と、相手以外のヒトやモノを志向する位相とがダイナミックに変化している。また相手の揺らぎ方を見て次に生じるであろう相手の状態を予測し、それとこちらの期待する状態とをつき合わせて自分の行動を調整する、ということが相互に起こっている。そのことを私は、求心性と遠心性の二重焦点をもつ楕円モデルとして考えている（図3－3）。親子は絶えず相手の状況を測りつつ、その楕円の円周上を移動し合っている。

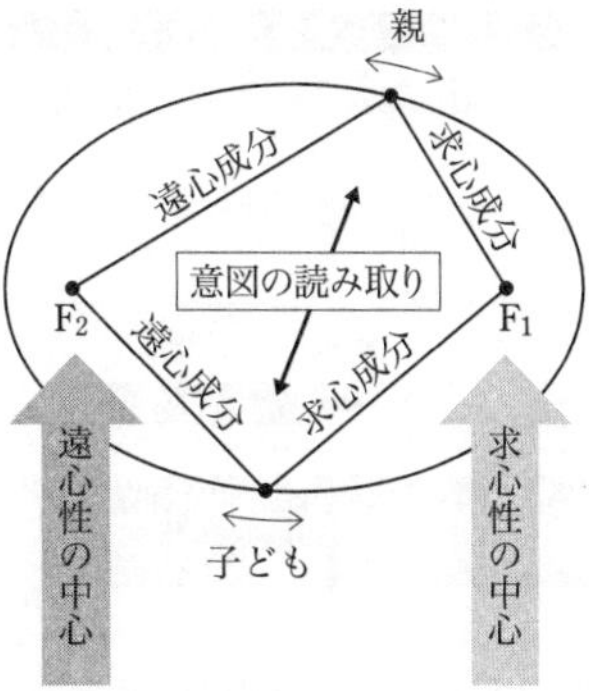

出典：根ヶ山 2021

図3－3　親子関係の楕円モデル図

　親も子も離れよう、あるいは親も子もくっつこうとする場合には二者間に矛盾はない。しかしながら就寝や離乳、入園場面などでは、親は遠心的だが、子には求心性が活性化して矛盾となる。危ない場所に子どもが行こうとして親が引き留める時などはその逆で、子

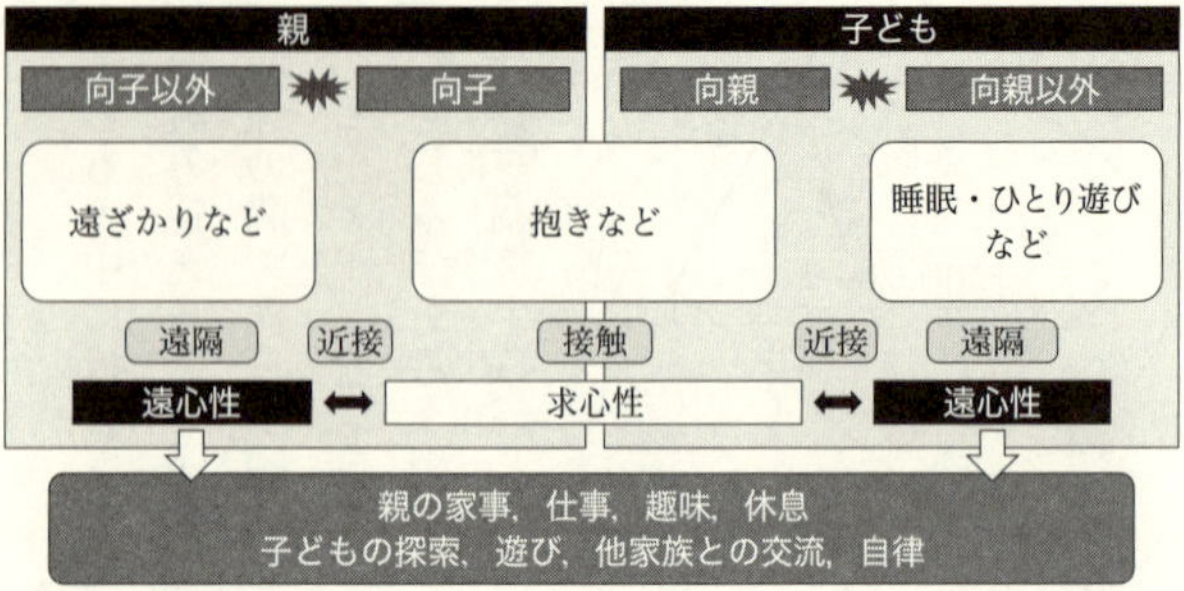

出典：根ヶ山 2021

図3-4　求心性・遠心性のダイナミックな関係

＝遠心、親＝求心の矛盾である。迷子や事故がそれにあたる。アロマザリングは、親の遠心下で子どもの求心性が親以外に向かう場合である。その他、親子の求心性と遠心性を交互に部分的に解消させる「妥協」や、一方的に片方が我慢したり、相手に辛抱を強いたりするという解法もあり、アンビバレントな状況下で親子の駆け引きがダイナミックに展開される。

　このように親と子どもには相手に向かう志向性（向子・向親）と、その反対方向に向かう志向性（向子以外・向親以外）とが常に異なる比率で混在し、かつ絶えず相手の状態につれて揺らいでいる（図3-4）。

　単に相手への求心的志向性（向子・向親）のオン・オフのみを重視するようなモデルは、現実の親子にうまく適合しない。子どもとの深刻な衝突を避けて円満な自立を達成しようと思えば、遠心性の兆しを上手にキャッチして、子どもの「自分でやってみよう」とする気持ちをテコに活用することである。それは子どもを親から自然に遠ざけるような魅力的なモノやヒトを、子どもの周りにさりげなく配置させ、そこに関心と行動が向くようにそっと子どもを押し出したり、奮起した子どもが目標を達成できた時にほめたりするような状況である。発達の最近接領域とはそういうものであろう。

揺らぎをめぐる駆け引き

親も子も揺らぎ合い、相手の揺らぎに対応してこちらの揺らぎを調整し、その調整をみて相手も自分の揺らぎを調整する。そういう両者の揺らぎの「共調整(Co-regulation)」は、相手の意図を読み取り合う「交渉」そのものであり、その時々刻々の駆け引きが親子関係である。子どもはそういう丁々発止の駆け引きを経験することを通じて、社会的な対人交渉能力、あるいはコミュニケーション力を発達させていくのである。それを双方がつき合わせながら、ダイナミックに相手と調整し合う姿こそが子育てである。駆け引きだからこそ、協力もすれば対立も生じる。

親子のやりとりは遠心性と求心性、強志向性と弱志向性という二つの軸で構成される平面上に示すことができる(図3-5)。それは四つの象限に区切られているが、いずれも中心から周

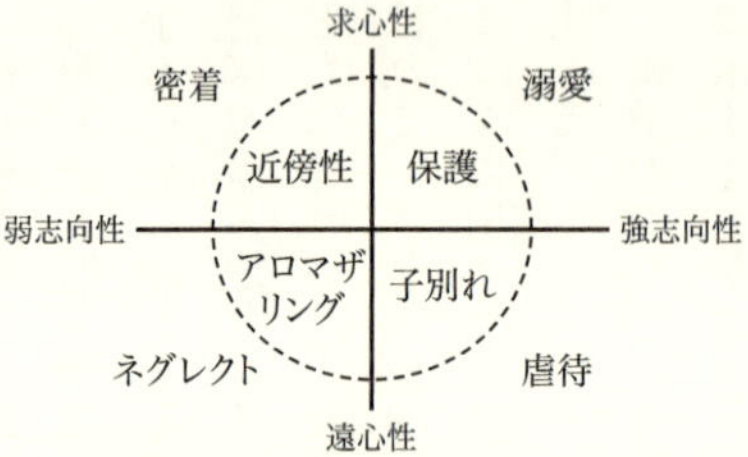

図3-5 親子のやりとりを表す平面. 円内が子育てゾーン

辺に強まるグラデーションがかかっており、円内の妥当な領域(子育てゾーン)とその外側の子育てから逸脱した領域(非子育てゾーン)に分けられる。子育ては子育てゾーン内で、四象限間を自由に動き回る柔軟なダイナミックさを特徴とする。この親子間の円環的な調整は、デジタル的な思考が得意な脳よりも、アナログ的な曖昧さを許容するのが得意な身体の領域である。子育てゾーンとその外側の非子育てゾーンは便宜的に円で区切られているが、そこには実際はグラデーションがかかっており、その境界は曖昧である。

親が子どもの過剰な要求に無条件で応じるのは「溺愛」であり、それは親子の関係を不適切なものにしかねない。中国で行われた「一人っ子政策」が子どもを増長させ、「小皇帝」「小太陽」と呼ばれる子どもたちを生んだとするのも同様の発想である。後に第4章でみるとおり、日本には子ども中心主義の母親が多く、そういう母親が手ごわい子どもの要求に出会うと、それに支配されかねない。親が燃え尽き症候群に陥ってしまうのはこういう時であろう。

「近傍性」は、親子がそばにいて緩やかに離れている状態で、玩具などのモノがそのための重要な舞台装置となる。遠心性×強志向性の象限はいきすぎると虐待(体罰)となるが、ここまで述べてきたように、軽度の遠心性は「子別れ」として、子育てにとってむしろ不可欠なものである。このように親子それぞれが、相手の意図を察し合って丁々発止の駆け引きをしている姿が図3－3の楕円モデルなのである。

親も子どもも、相手に対して求心性だけでなく遠心性ももっている。また二者関係で閉じておらず、互いに周囲との間で、多様で豊かな関係を築いている。こうした親子の関係性を理解できれば、「親子関係はこうあるべきだ」といった一律の形ではなく、場面によって臨機応変に対応することが必要だとわかるであろう。子どもの育ちを支えることはもちろん親の義務だが、それはけっして親子間に愛着関係をつくることばかりではない。

第4章
ヒトの子育ての多様な担い手

母子関係が子どもの育ちを支えるコアであるとしても、種によっては、他の個体が幼体に非常に関心をもち、母親から子どもを抱き取って運んだり、また遊びかけたりすることがある。わが子以外の子どもを母親のようにして守り育てることが、アロマザリングと呼ばれることはすでに述べた。本章では、アロマザリングがなぜヒトの子育てにとって特に重要であり、それが私たちの子育てを特徴づけているのかについて考察したい。

1　家族によるアロマザリング

アロマザリングは昆虫やトリなどを含めていろんな動物で見られるが、特に霊長類で発達した子育てのスタイルである。子どもと遺伝子を共有する血縁個体にとっては、その子どもを世話することで子どもが生き延びて繁殖すれば、自分の遺伝子を残せるし、母親の負担を軽くすることにもなる。実際、ニホンザルでも子どもの祖母(母親の母親)や姉など、母系のつながりによるアロマザリングがよく行われる。ヒトの場合は、それが家庭という場で、家族というまとまりを形成しているところに独自性がある。日本の霊長類学の祖とされる今西錦司《いまにしきんじ》は、サルを通じてヒトの家族という繁殖集団の起源を考えようとした。

アロマザーとしての祖父母——子育ての有力な担い手

最近はソーシャル・ネットワーク理論(後述)の影響から、愛情のネットワークが指摘されるようになってきた(高橋 二〇一〇)。遺伝子の共有率という点では、母親と父親に勝る者はいない。親に世話が集中すれば子どもはよく守られるが、親の負担が増すことになり、かといって血縁度の低い個体に世話が分散すると、遺伝子を残すという意味ではコストパフォーマンスが悪いうえに、子どもへの注意が疎かになりかねない。

今日、父親による養育はとても重要な話題だが、母親と違って父親の場合には、「親であることの確からしさ」という問題が絡んでいる。サケの産卵のように受精が体外で行われれば、その受精卵は雄にとって自分の子どもであることは(ほぼ)間違いない。また哺乳類の雌は体内で子どもを育むので、生まれてきた子どもがわが子であることは、雌にとっては確実である。

しかし体内受精をする雄の場合は、生まれた子が雌の体内に送り込んだ自分の精子による子どもであるという確証がもてない。雌が自分以前に他の雄と交尾をし、それによって受精していれば、受精卵は自分の子どもではないからである。それは雄の子育ての熱心さに影響を与える要因となる。わが子かどうかを識別するために、DNA鑑定の必要性が求められたりするのは、まさにこのせいである。このように複雑な問題が関与するため、父親が子育てにどう関わるかについての検討は後回しにしたい。

減数分裂によって染色体が半減した生殖細胞である卵子と精子は、出会って一つの受精卵となる。つまり母親と父親の遺伝情報が半分ずつ混ざり合うため、それぞれの親と子ども間での遺伝子の共有率(血縁度)は〇・五となる。このことは母親でも父親でも同じである。両親ともに同じであればきょうだい同士も〇・五となるが、腹違いの場合は片親由来の遺伝子が共有されていないため〇・二五に半減する。祖父母についても、父方か母方かという二系統があるため、個々の祖父母と孫の血縁度は〇・二五になる。その意味では、子どもからみると、祖父母は腹違いのきょうだいと同列である。しかし、祖父母はきょうだいとは違い、かつての子育て経験者として、家族の中で重要なアロマザーである。

動物は一般に、繁殖能力を失えば、ほぼまもなく寿命が尽きる。それに対してヒトの女性は、閉経後も長期間にわたって生き続ける。もはや子どもを生まなくなった女性が、なぜこのように長生きなのかについて、孫のケアを引き受けることでわが子の子育てを助け、それによって自分の遺伝子を残すことに参画しているのだという「おばあさん仮説」がある。実際に母方の祖母が死亡すると、二歳未満の幼児の死亡率が有意に上昇することが、アフリカのガンビア共和国における調査から明らかにされている（表4－1）。ちなみに、同様のことは母親と乳幼児間にもみられるが、かたや父親の存否は子どもの死亡率に有意に影響していない。また一〇歳以上の姉がいる場合、それが後期子ども期の死亡率を有意に低下させている。

祖母というアロマザーは、子どもの血縁個体として、その保護の重要な担い手であることは間違いないが、その理屈は祖父でも同じはずである。ところが祖父は父親の場合と同じく、孫の親との遺伝的つながりにおいて確実性が低い。

その原理をあてはめると、祖父母の中で理論的に最も孫と自分との血縁が確実なのは母方の祖母で、反対に最も不確実なのは父方の祖父ということになる。表4－1で母方・父方の祖母・祖父のうち、幼児の死亡率を有意に高めたのが母方の祖母のみ（死亡時の推定値〇・五五、オッズ比一・七）であったことは、その理屈に合致している。実際に孫の世話を父方・母方の祖父・祖母がどれくらいの頻度で行っているかを調査した研究においても、まったく同様に母方の祖母が一番よく支援し、父方の祖父が最低であるという結果が得られた（図4－1）。

昨今は母親の就労にともない、忙しい母親に替わって祖父母が孫の面倒をみることも増えて

表 4-1　血縁者の存在は子どもの死亡にどう関係するか（ガンビア共和国）

変数	乳児（1歳未満）		幼児（2歳未満）		後期子ども期（6歳未満）	
	推定値（標準誤差）	オッズ比	推定値（標準誤差）	オッズ比	推定値（標準誤差）	オッズ比
定数	-3.35(0.35)**		-5.02(0.58)**		-3.52(0.47)**	
母親：						
死亡	1.82(0.51)**	6.2	1.66(0.61)**	5.2	0.35(0.56)	1.4
生存	0	1.0	0	1.0	0	1.0
父親：						
死亡	0.13(0.61)	1.1	-0.73(0.73)	0.5	-0.33(0.39)	0.7
生存	0	1.0	0	1.0	0	1.0
母方の祖母：						
死亡	0.13(0.19)	1.1	0.55(0.27)*	1.7	-0.09(0.26)	0.9
生存	0	1.0	0	1.0	0	1.0
父方の祖母：						
死亡	-0.25(0.19)	0.8	-0.17(0.24)	0.8	-0.05(0.23)	0.9
生存	0	1.0	0	1.0	0	1.0
母方の祖父：						
死亡	0.07(0.18)	1.1	0.28(0.26)	1.3	0.01(0.24)	1.0
生存	0	1.0	0	1.0	0	1.0
父方の祖父：						
死亡	0.28(0.16)	1.3	-0.05(0.38)	0.9	-0.29(0.21)	0.7
生存	0	1.0	0	1.0	0	1.0
10歳以上の姉生存：						
はい	-0.03(0.18)	1.0	-0.07(0.25)	0.9	-0.48(0.24)*	0.6
いいえ	0	1.0	0	1.0	0	1.0
10歳以上の兄生存：						
はい	0.06(0.19)	1.1	-0.22(0.26)	0.8	-0.30(0.24)	0.7
いいえ	0	1.0	0	1.0	0	1.0
母親再婚：						
はい	―　―		―　―		0.65(0.27)*	1.9
いいえ						1.0
「母親」の級内分散	0.39*　0.16		0.36　0.28		0.44*　0.12	

*p<0.05　**p<0.01（pとは差がないという決定下での生起確率であり，それが小さいことは有意な差があることを示している）

注：表中のオッズ比とは，下段の条件（たとえば母親が生存している場合）における子どもの死亡率を1としたときの，上段の条件（たとえば母親が死亡している場合）における死亡率の相対的な高さを示している．したがってこの数値が1から隔たるほど影響度が大きい．

出典：Sear & Mace 2009

いる。仕事を続けるために、実家の両親のサポートが欠かせないという母親は多い。中国では寄養といって、両親に替わって祖父母が孫の面倒をみる風習が昔からある(陳 二〇一〇)。最近では孫の世話に熱心な祖父を「イクジイ」と呼ぶが、それも含め、子育ては血縁を共にする家族が力を合わせて行う行動なのである。

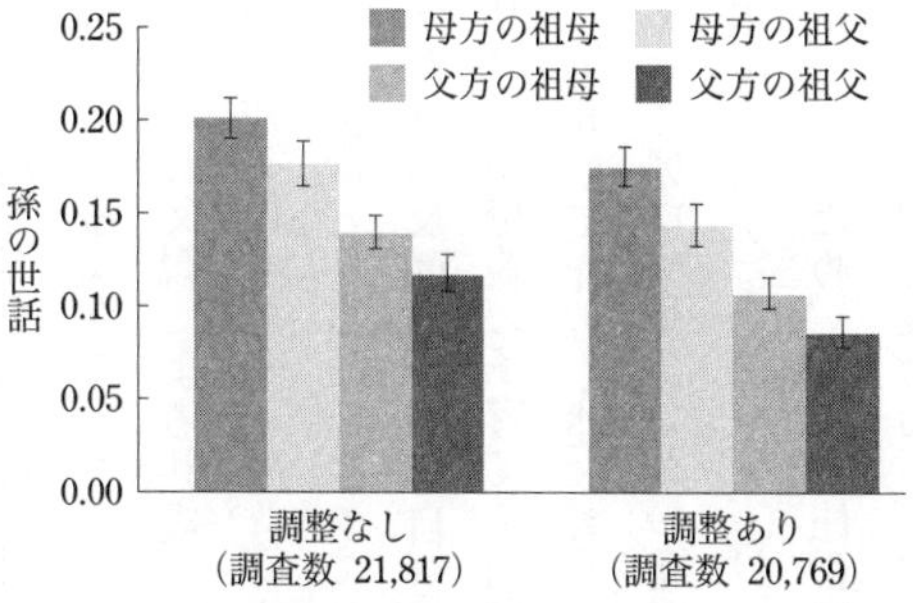

注：調整とは，就労や孫の数などによる補正．
出典：Danielsbacka et al. 2011

図4－1　祖父母による孫への投資の実証

インターネットが普及して育児情報が誰でもオンラインでたちどころに収集でき、またSNSで育児の悩みや相談をやりとりできる世の中になった。そうした状況にあっても、育児経験豊富な祖父母、特に母方の祖母は今でも頼りになる育児の担い手であり続けている。女性の個人意識が高まり、社会参加の気運が盛り上がってきている今日、元気で長命な祖父母の養育者としての役割には、ますます光が当てられてしかるべきである。

日本の里帰り出産も実家の両親、とりわけ母親が活躍するアロマザリングの身近な例である。出産・育児に関する親しい経験者と直接顔を合わせ、触れ合いをともなったサポートを受けるというアロマザリングの存在は、妊産婦、特に初めての出産・育児に臨もうとする女性にとってさぞ心強いであろう。

しかし父親による共親行動(後述)と同じく、祖父母も母親の子育てのサポートにもなれば、逆に妨害にもなる。インターネットや書籍によって、専門家や育児経験者との悩み相談や情報の取得などが容易になっている。そうしたなかで、高齢者の知恵が古いものとして疎まれたり、またその反面、母親が自分の親(特に母親)からいつまでも支配され続け、その世代間のコンフリクトが母親の子育てを困難化する、いわゆる「毒親」という負の面もある。

第5章で詳しく述べるが、私が長年調査している沖縄の多良間島《たらまじま》(宮古郡多良間村)という離島は、アロマザリングの発達した島である。少女による守姉《もりあね》というアロマザリングが有名だが、祖母(オバア)も重要な子育て要員である。父母が畑の重労働に従事し、家でも内職で忙しかったりするため、近隣に住む守姉や、残る家族である祖母や姉が、小さい子どもの世話のかなりの部分を引き受ける。特に祖母は同居の場合だけではなく、近隣に別居する場合もあって、子どもは近居する祖母の家(オバアヤー)にしばしば食事に行ったり、そのまま泊まったりする。

きょうだいは「斜め」の関係にあるアロマザー

同じ親のもとに子どもが複数いれば、きょうだい関係が成立する。きょうだいは祖父母とともに、家族によるアロマザリングの有力な担い手である。特にある程度大きくなった姉が下のきょうだいの面倒をみることで、しばしば親が助かる。

同じ親から生まれたきょうだい同士は親子と同じ血縁度の間柄だが、育児に関しては未経験であるし、祖父母に比べて体力や経済力なども劣っている。年齢の近い者同士なので、遊びという水平的な相互作用を取り結びやすい間柄である。きょうだいは子どもにとって仲間であり、親に対し協力して交渉にあたる場合もあれば、その限られた資源を奪い合うライバル関係にもなる。そのような水平性と、年齢の上下による垂直性がともに存在するので、きょうだいは「斜め」の関係ともいわれる。

利害や意見の対立から、きょうだいげんかが発生することもしばしばある。子どもが幼い時には新しい子どもができることによって、上の子どもが赤ちゃん返りをすることがよくある。特に親の愛情を一身に受けていた第一子の場合は、下の子どもの登場によってその愛情が奪われる。きょうだいげんかは親にとって、家庭の平安を乱す頭の痛い問題であるが、その衝突と仲直りの体験、あるいは他のきょうだいの仲裁を経て関係が修復されるという体験は、子どもが家庭においてコミュニケーション力を錬磨する大事な機会である。

きょうだいには、家庭を出て自分のもつ子ども同士のネットワークに、弟妹を参入させてやるという役割もある。きょうだいと他の子どもによる水平的な三者関係は、加勢や連合形成、仲裁などさまざまな駆け引きの展開する場となる。子どもたちの遊び仲間は、状況の変化に応じて関係の性質が目まぐるしく変わる。そのため、臨機応変な対応を迫られ、これも子どもたちの社会性を鍛える機会となる。

成長したきょうだいがそれぞれ独立して世帯を構え、そこに子どもができれば、いとこ同士のつき合いが発生する。親同士がきょうだいであるという近さをふまえた関係として、いとこ同士にも独特の親近感が生まれることが多い。これが血縁ネットワークの維持発展にとって独自な意味をもつことは、後に述べる守姉の事例にみることができる。

父親のアロマザリングは重要なオプション

さて、いよいよここで父親へと焦点を移そう。雄親は雌親とともに子どもと高い割合で遺伝子を共有する個体であるが、それにもかかわらず、多くの哺乳類において父親は母親と違ってあまり子育てに参加しない (Kleiman & Malcolm 1981)。ただし霊長類、食肉類などのように、父親がある程度子どものケアに関わる種もある。

霊長類では南米に棲むマーモセット（キヌザル科）の父親が、子どもを背中にしがみつかせて運搬するなど、積極的に子どもに関わって母親と共同で育児を行う（図4－2）。それはこのサルが子どもを一度に複数産み、子どもの総体重に比して母親の身体が小さく、雌の負担が大きいため、運搬を雄が引き受けているのだと考えられている。マーモセットは、雄の体格が雌の体格に近く、性的二型（六ページ参照）が小さい。

抱きやグルーミングなどの世話も単雄単雌の霊長類の雄、すなわち父親が比較的よくとる行動である。かたや性的二型の大きな霊長類に共通する一般的な特徴は、単雄複雌の繁殖集団をつくることである。雌を特定の雄が独占するため、雌とつがう雄は他のあぶれ雄を追い払ってその関係を維持する。そのためには性的二型が大きく屈強であることが有利となる。

図4－2　子どもを背中に負うマーモセットの父親

すでに指摘したように、母親にとって自分のお腹から生まれた子が、自分と遺伝子を共有する子どもであることは疑いないが、母親と同じ血縁度であるにもかかわらず、父親にはそのような身体的保証がない。その観点からすれば、父親としての行動はオ

図4－3　ニホンザルのおとなの雄につき従う子ども(上)と子ザルの接触を許容するおとなの雄(下)

プションとして位置づけられる。先に述べたとおり、体内受精を行うことがその一つの理由とされるが、それ以外に、卵子が数の限られた貴重な配偶子であるのに比べて、精子はおびただしい数が浪費的につくられることや、哺乳類の場合、妊娠・哺乳が雌の身体機能であることも、父親としての行動の相対的な少なさをもたらしている。

また父親には子どもの世話に関わり、それを母親と分担する役割以外にも、母子から離れたところで資源を確保して持ち帰ったり、捕食者や外敵から母子を守ったりするという役割があるとされる。子どもの生存を支えることが子育ての目的であるとすれば、母親と協力して子どもをかいがいしくいつくしむのも、対外的に身体を張って母子のために資源確保や外敵防衛に努めるのも、どちらも大切な父親行動である。

ニホンザルは通常雄が子育てをしない種とされるが、それでも雄の子ザルがおとなの雄につき従ったり、おとなの雄が子ザルからの身体接触を嫌がらずに許容してその相手をしたりする光景にしばしば遭遇する(図4-3)。それらは「おじさん行動」と呼ばれたりもする。

飼育下でニホンザルのおとなの雄と子ザルを一対で出会わせたところ、無邪気に雄に関わりかける子ザルをその雄が優しく許容していて感心したこともある。こういった行動からニホンザルの雄には、母ザルのように積極的に世話をすることはなくとも、子ザルの関わりへの寛容性は備わっていると推測される。先ほど優しい父親性とたくましい父親性は二律背反であるかのように述べたが、実際にはその境目は曖昧である。

多様な父親行動の中身

哺乳類における雄親と同じくヒトの場合も、母親に比べて父親は子どもへの関わりが一般に乏しいことが文化人類学の調査で指摘されている。しかし父親の中には母親と同等もしくはそれ以上にかいがいしく子どもの世話をする者がいるし、特に自分が主たる養育者となる場合にはそうである。また父親は、子どもとの身体接触の経験を通じて、抑うつや不安が軽減されることも明らかになっている。

熱心に子どもに関わる父親は、食事供給や寝かしつけなど、寝食の世話をよくするのに対し、あまり関わらない父親の行動はおむつ換えや入浴などが多い(Lewis 1986)。これは子育てが苦手な父親でも、それなりに世話を行う努力は払っているとみることもできる。むしろこの多様性の幅の大きさ自体が、父親による養護性の特徴であるというべきかもしれない。他国に比べて日本の父親は子どもに触れる時間が少ないといわれる。だが、日本の父親はひところ企業戦士といわれたように、家族を支えるために家庭外で働くことの比重が大きく、周囲もそれを父親に期待して激励したという側面もあった。そのため、父親の怠慢を責めるだけですませることもできない。

日本の社会で最近は、「イクメン」という言葉も市民権を得てきて、子どもが幼い時期に育休をとって子育てに精を出す父親も珍しくなくなってきた。フェミニズムが根気強く日本の父親の問題性を指摘してきたこともあって、社会の認識も少しずつ変化してきているように思われる。性の認識の多様化が拡大され、性別による差異化が縮小していることも、それを後押ししている。しかし父親行動については多様性が大きく、そのことは、単に子どもの世話をするかしないか、男女によって同じか異なるのか、といった単純な二分法ではなく、状況や頻度、行動パターンなどをふまえた丁寧な吟味が必要であることを強く示唆している。

妊娠や母乳哺育などは、雌の身体にだけ備えられた絶対的な性差である。しかし同時に、ヒトは後に述べるようにさまざまな文明の利器によって、性による身体的な制約を克服してきた。たとえば人工栄養は哺乳という母親の身体的行動を父親にも可能にした。母乳を冷凍保存し哺乳瓶で与えるという技術は、父親を母親の母乳哺育にさらに一歩近づけた。そのように対等な夫婦関係を実現しようとして、あえて母乳でなく人工栄養を選択する男女もいると聞く。人工子宮の開発も含め、医療のテクノロジーは、ヒトの子育てにおける性による身体的制約のいくつかを取り去りつつある。

夫婦は二人で、子どもに対して「共親行動（coparenting）」という子育て行動を示す（McHale 1997）。隔たりという意味では、父親が協力すれば母親は負担が分散されて子どもから離れることもできるため、有力なアロマザーとして母子の隔たりの支援者となる。しかし一方で、夫婦が不仲だと逆に母親を子に接近させる要素ともなる。離れると寂しいが近づきすぎると衝突が増えるというヤマアラシのジレンマは、夫婦間にも存在しうる。

かつて「亭主元気で留守がいい」とか「濡れ落ち葉（定年退職後の夫が趣味もないため、妻の後にくっついてばかりいること）」などといわれたように、夫の存在はしばしば妻にとってストレス要因や、子育ての妨害要因とすらなりうる。子どもだけでなく父親（夫）も、母親（妻）の子育てにとってアンビバレントな存在なのである。母親の子育ての困難を考えた時、父親は子育てのかけがえのないパートナーであるし、父親が母親の悩みの相談相手となることも重要である。また逆に、子どもと父親の関係が悪いために、その子が母親を過剰に求めるということも起こりうる。

こういった諸事情があって、種レベルでも社会レベルでも個体レベルでも、雄(男性)の子育てへの関わり方には大きなバリエーションが存在し、このことが男性の育児参加に対する、ジェンダーの面からの議論を複雑にしている。この問題は、ヒトの母親の育児困難を論じるうえで重要なテーマなので、第6章でこれからの子育てを展望するなかで再び取り上げたい。

アロマザリングの舞台としての家庭

ヒトは「家庭」という独特の巣をつくる霊長類である。安全な家庭という限定空間の中で、子どものそばに家族が居る。このような状況で、アロマザーである家族には、子どもに関わる機会が自然と増える。家庭という安全な空間が共有され、そこで母子分離と子どもの保護の両立が安定的に実現されているからこそ、子どもを協力して育てることができる。

家族は家庭という箱の中で、その空間をいくつかの部屋に分割し、共同して子育てを行う。

家庭は家族を子どもの周りに集めてアロマザリングをしやすくし、その空間の分節性を利用して離合集散を繰り返す。その結果として、母親は安心して子どもから離れ、個としての自律性を確保している。その意味で、家庭は「母子分離装置」なのである。

最近私は中京大学の小島康生とともに、六歳までの子どもをもつ家庭でのさまざまな育児（授乳、食事、寝かしつけ、入浴、着替え、排泄、保育所の送り迎え、通院、勉強の面倒見、しつけ、遊びなど）について、家庭でそれを母方の祖母、母親、父親、年長のきょうだいの誰がどの程度行っているか、母親に質問紙で訊ねてみた。その結果は、家庭の中で家族はけっして皆同じように子どもの世話をしているのではないという、興味深い事実を示唆していた。

まず、一つの明瞭な特徴として、祖母は家庭において、父母とは独立に単独で育児を行うという傾向が顕著であった。父親は排泄、入浴、遊び、着替えなどといったケア一般の項目では、祖母と似て単独で行っていた。しかしながら父親は、授乳や離乳食という小さい子どもの食、および大きくなった子どもの勉強の面倒見や保育所の送り迎えなどに関しては、母親と協力・連携して行っていた。他方母親は、排泄、入浴、着替え、寝かしつけなどのケアについて一人で行う傾向があり、おそらく子どもが小さい時の、夜の就寝準備の場面などの反映ではないかと思われた。このように家庭において、家族は近づき、あるいは離れて、子どもの世話をさまざまに協力したり単独で行ったりして、アロマザリングを調整し合っていた。

家庭には多様なモノ（育児具、家具、家財道具など）が配置され、子どもはそれらのモノに対しても強い関心と執着をみせる。第1章でもふれたように、母親にとってモノは、たとえば哺乳瓶や玩具のようにそれを利用して育児したり、子どもと一緒に遊んだりすることもあるが、それで子どもが一人遊びをして母子を分離させる場合も多い。

このように家庭は、母親が育児を行う安全な空間であると同時に、家族が集結し協力してアロマザリングを行う母子分離の場でもあり、さらにモノ（育児具、遊具など）によるアロマザリングがみられる場でもある。家庭でのアロマザリングとは、通常それらヒトとモノが母親の子育てを代行することである。ただし、哺乳瓶やスリングなどの例のように、モノによるアロマザリングは、母親自身がそれを、自分の身体を補強する道具として使う場合もある。

家族が至近距離で凝集することには、育児の共有を促進すると同時に家族間（親子、夫婦、嫁姑、きょうだい）の軋轢《あつれき》をも生むという両価性がある。団らんとプライバシーとが交互に実現されることになり、ここでもヤマアラシのジレンマが生じる。また家庭は外の豊かな世界へと子ども（と家族）を送り出し、帰還を受け入れる港としても働く。しかし、出入り口を閉ざしてしまえば、安全を確保することが裏目に出て、母子を周囲から孤立させかねない。このように家族にとって家庭とは、両価的な意味を本質的にもっており、ヒトの子育ての困難を軽減させることもあれば、それを増悪させてしまう場合もある。

2 専門家による支援──巨大システムに囲まれたヒトの出産・育児

ヒトの家族は一般に、母親と子ども、そして父親をはじめとする血縁のアロマザーたちによって構成される繁殖集団であるが、家庭外でも血縁・非血縁のアロマザーが存在する。ヒトの場合、子どもの誕生に関わる医療の専門家をはじめ、保育士や教師などという非血縁の専門家集団が子どもの世話を多面的に引き受ける。その人たちは単独ではなく組織の一員として、個対個を越えた個対集団、集団対集団によるケアの担い手となる。そこには制度として組織された専門家集団というシステム(いわゆる〝シクミ(仕組み)〟)が関与する。

医師・助産師──「専門家」の役割をどう受けとめるか

母親は妊娠から出産までの期間、医療設備の備わった病院やクリニックなどで、医師・看護師など専門家の検査や診断・処置を受ける。また自分の母親に助言を求めたり、あるいは育児書やインターネット情報などにアクセスしたりもして、子どもの栄養や健康の管理などに取り組む。それらはすべて母親をサポートする一種のアロマザリング・システムである。そしてそのようなヒト・モノ・シクミの巨大システムに取り巻かれつつ行うのがヒトの子育ての独自な特徴である。IT化が進み、その傾向はますます強まっている。

このような社会では、専門家を育てる教育システム、その資格を認定する検定システム、その勤務を統括する労務管理システムがある。あるいはそこで仕事をするために必要な建物の建築システム、什器《じゅうき》や教材・書籍・文具・医薬品・ユニフォームなど物品の生産・販売・修理システム、人々の移動を支える運搬システムなどもある。このようにおびただしいシステムの複合体が社会に用意されている。

出産は現在、産院や産科を備えた病院で行われる。昔は穢《けが》れを嫌うという意味でお産が産屋《うぶや》と呼ばれる小屋で行われたこともある。そこでお産を助けたのが産婆(取り上げ婆さん)、今でいう助産師である。ヒトは出産という哺乳類共通の営みを、母親一人ではなく専門家を含む複数の人の協力で行う。生まれれば、乳つけといって他人に乳を与えてもらったり、名づけを親以外に頼んだり、あるいはわざと捨て子をして「拾い親」になってもらうことすらある(大藤一九六七)。これらも、周囲による子育て参加を意味する。

お産椅子にスポットを当てて考察した人類学者の長谷川まゆ帆は、本来母親の身体的行為であったお産が、現代では医師の管理するものとなったという(長谷川 二〇〇四)。医師にとっての生まれ出る子どもの取り上げやすさが優先され、母親の主体性が奪われた。そのことを象徴するものがお産椅子であると指摘している。

母乳哺育もそれと似て、医学が母親の行う子育てを主導している部分がある。かつて母乳に猛毒のダイオキシンやPCBが含まれているという医学的情報が、哺乳中の母親を不安にさせて大問題となったこともある。お産の主体性を母親自身の手に取り戻そうとする動きが助産師らの中でみられることは、アロマザリングとしての医学の意味を考えるうえで興味深い。

他方、東日本大震災にともなう原発事故でも、大量の放射性物質が環境中に放出されたという情報が、人々に強い不安をもたらした。放射線被曝から逃れるために、福島県やその近隣に住む多くの母親が子どもを連れて遠隔地に自主避難した。あるいは原発事故被災地やその周辺にとどまっていても、子どもは屋外遊びを禁止されて室内に留められるなどした。

さらにいえば、新型コロナウイルスによるパンデミックも、子どもとその親にとって大きなストレスとなった。親としてはただおびえつつ、医学の発信する情報に振り回されるばかりであった。

いうまでもなく親は子どもにとって最も責任を負う存在であるが、自然災害や飢饉、戦争、パンデミックなど、親のコントロールできないことで子どもの健康や生命が脅かされることがある。こういった脅威は、これまでの子育ての経験が役に立たず、親は医療の専門家や政治・行政などに頼らねばならない。

いまみたような災害における医学などの情報、あるいは母乳哺育・離乳の指導などの例は、親にとって専門家などが重要なアロマザリング・システムでありつつも、子育てにおける親子の主体性を奪ってしまう外圧にもなるという両価性を示している。権威への丸投げ的な追随は、自身の親としての不全感のもととなり、それは後に子育ての困難へとつながりかねない。

もともとはサルと同じく、自分自身の身体を直接やりとりさせて成り立っていたはずのヒトの親と子の関係が、現代ではこのように専門家に従属させられてしまう場合も少なくない。そういう時、特に日本人は「長いものには巻かれろ」とばかりに、医療者や教育者などを権威として尊重する傾向が強く、上下の力関係に陥りやすい。それは子育ての主担者であるという親としての自信を揺るがせることにもなり、親が子育てを生き生きと主体的に行うことを妨げてしまいかねない。

専門家と親の主体性のはざま

第2章でもみたように、一九九七年から二〇年間にわたって五年ごとに、三歳児健診の場で行った離乳の全国調査でも、厚労省から通達される離乳の指針によって、母親の哺乳行動や意識が大きく影響を受けていた。

医療だけでなく、学校教育というアロマザリング・システムについても似たようなところがある。専門家と親の間に生じる摩擦が子育ての困難へとつながることもありうるため、なかには自律性を保とうとして、そういう情報からあえて距離を取り自己流の子育てをめざす人や、その反対に、学校に過剰な要求を持ち込むモンスターペアレントなども出てくる。

親が子育てに主体性を保てるような信頼関係を、専門家の側が親との間に努めてつくりあげ、それを維持することが、親の子育ての困難を回避するうえで極めて重要なことである。特に問答無用の上意下達ではなく、親と子どもの主体性を尊重し、ファシリテーターとして親子をエンパワーすることが専門家に求められる。それと同時に親にも、専門家の意見・指導を鵜呑みにすることなく、かといって頭ごなしに否定するのでもなく、情報を冷静に見極めて主体的に判断し、専門家と協力して子育てにあたることが求められる。

ちなみに、前述の離乳についての全国調査では、調査が進むにつれて子どもから親自身へと

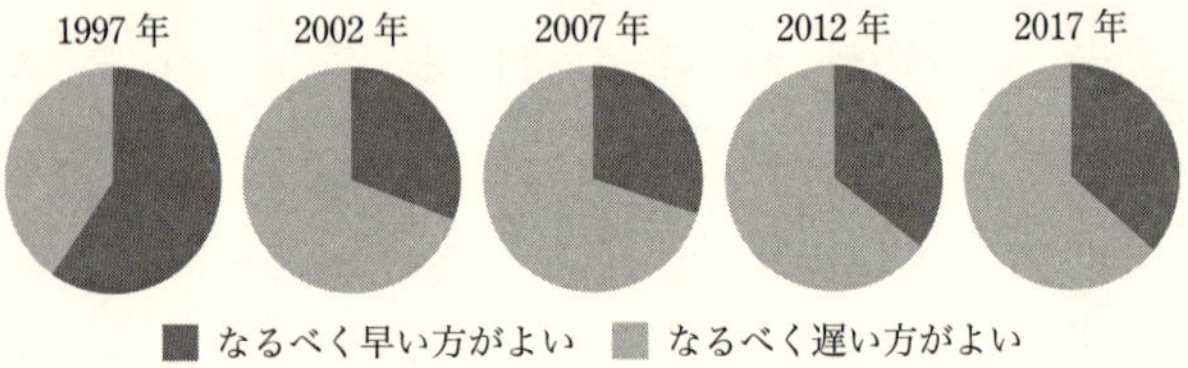

図4-4　母乳哺育の終了はなるべく早い方がよいと考える母親と遅い方がよいと考える母親の比率の推移

離乳判断の基準が推移し、一九九七年時点でみられた医師の指導優位の離乳選択は徐々に影を潜めていった。ただし早期離乳の圧力の強かった九七年を除き、二〇〇二年以降一貫して、母乳停止はなるべく早い方がよいとする母親と、なるべく遅い方がよいとする母親との割合には大きな変化がなく（図4-4）、社会には母子関係の混合戦略が、長期にわたり安定して継続していたことを示していた。

この異なる二タイプが二〇年間コンスタントに存在していたことは、母乳哺育・離乳の推奨時期を早めようが遅らせようが、結局一定割合の母親はその指導で苦しめられることになり、万人に歓迎される理想の離乳法はないということを意味する。母乳の勧めにもかかわらずそのイメージが伸び悩んだのは、それにもろ手をあげて賛同するわけではない母親が一定数いたことの反映である。当然ながら母親は、単に専門家の指導に一方的に影響されて従うだけの存在ではない。

保育士・教師——家庭から公共空間への移行

本の豆知識

●奥付●

江戸時代からある日本独自の書誌情報ページ

書物の終わりにつける，著者・著作権者・発行者・印刷者の氏名，発行年月日，定価などを記載した部分です．江戸時代に出版取締りのため法制化，明治には出版法により検印とともに義務付けられましたが，戦後同法の廃止により，現在は慣行として継承されています．

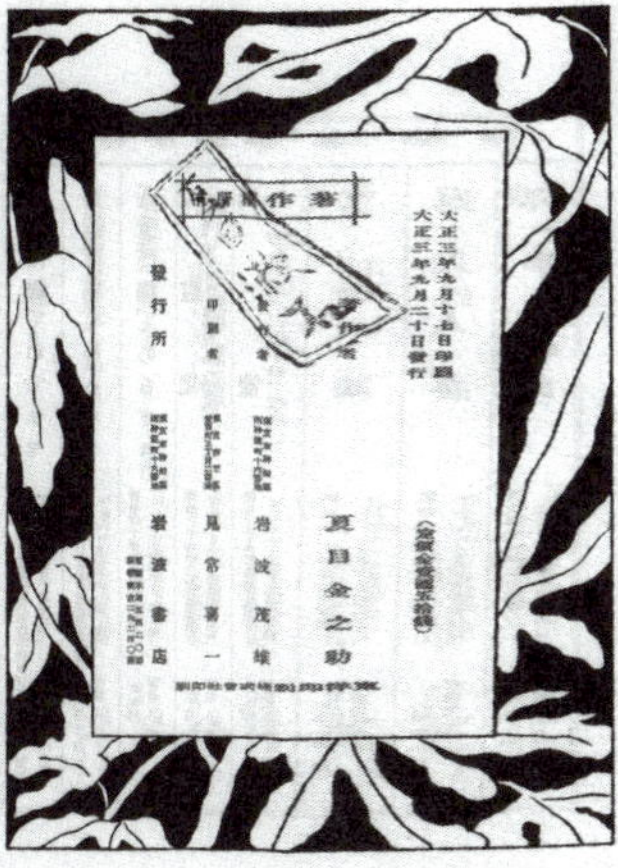

大正三年九月十七日印刷
大正三年九月二十日發行

著作權

著作者　夏目金之助
發行者　岩波茂雄
印刷者　見常喜一
發行所　岩波書店

夏目漱石『こゝろ』（1914年（大正3）9/20刊）の奥付．
検印，模様とも漱石が自分で描いたもの．

医師・助産師と同様に、今の社会において保育士や教師も子どもにとっての重要なアロマザーである。保育所とは「保育を必要とする子どもの保育を行い、その健全な心身の発達を図ることを目的とする児童福祉施設」であり、「その目的を達成するために、保育に関する専門性を有する職員が、家庭との緊密な連携の下に、子どもの状況や発達過程をふまえ、保育所における環境を通して、養護及び教育を一体的に行う」場所(改定保育所保育指針)であって、両親以外の複数の保育士が子どもの世話(アロペアレンティング)をする場である。

そこでは子どもは親から物理的に離され、保育所という場所で保育の専門家が子どもをケアするのであるから、家庭と緊密に連携するとはいっても保育者の責任は重い。保育所の子どもがうるさいと苦情が出ることもあり、近隣は必ずしもその存在を全面的に受け入れてくれているわけでもない。地域の目から半ば遮断されるので、その場が劣悪だと子どもの安全が脅かされる。預けた後はまったく任せてしまうのではなく、子どもが自分の手から離れてどんなところにいるのかについて、親も把握しておく必要がある。

すがる子どもを引き剝がすのは、第3章で議論した体罰の問題に似かよった場面である。しかし子どもは、保育所より家庭でより多く激しく泣いていたという調査の結果(根ヶ山他 二〇〇八)は、子どもが保育所での強制的な分離を、ネガティブではあるが悪意のない行動として受け入れていることを意味しているであろう。

保育所は、子どもの保育に特化して用意された環境なので、危険物やおとな用のモノは極力取り除かれている。保育士は子どもの保育のための専門家として子どもと接している。したがって家庭における親のように、自分のしたいことがあって子どもの世話とバッティングするといった摩擦は基本的に起こらない。

それに比べると家庭では、たとえばおとなが遠ざけようとしても電話の受話器やテレビのリモコンなどを触ろうとしたり、台所や書斎に入って親が禁止するモノをいじったりするなどで子どもが親と衝突することも多い。両者のなわばりが重なり合っているうえに、子どもはおとなが日常よく使うモノに強い関心をもつので、親と子どものせめぎ合いのようなことになる。

家庭は子どもにとって自分のなわばり空間であり、親に対する遠慮のない自己主張の場である。一方、保育所は家族以外の他人が複数いる公的な場であるため、子どもは子どもなりに公人として自己抑制に努めることが期待されている。このように保育所は家庭の代替というよりも、保育所と家庭のそれぞれが、子どもにとって独自な学習の場なのである。かつては自宅のまわりに公共の場や広い遊び空間がたくさんあったが、それらはいまやほとんど失われており、保育所という制度的環境の中に集約されているのである。

子どもは毎日家庭と保育所の間を往復するので、そのつど異なる環境へと適応の切り替えを強いられる。家庭で少数の家族とだけ過ごすのは、社会経験としても、身体活動としても、感性的体験としても、保育所での豊かさにかなわない。実際に子どもを入園直後から追跡観察すると、入園当初こそ泣いて悲嘆を示すことがあっても、すぐに適応して楽しく登園するようになる。良質な保育を提供する限り、保育所は家庭・家族から子どもを円満に離して、新たにヒトとモノの豊かな世界へといざなう有意義な場である。

幼稚園や学校も、文部科学省（文科省）と厚労省という管轄上の違いはあるものの（幼稚園・学校は文科省、保育所は厚労省の管轄）、本質的に保育所と同様のアロマザリング機能をもっている。そのように相対化して考えれば、保育所・幼稚園から小学校への移行時における小一プロブレムとか、家庭から学校の移行時における不登校という問題なども、子ども・母親と家族・保育士・教師というアロマザーとの関係性、マザリングの場からアロマザリングが行われる場への環境移行の問題として、これまでとは違った視点から一体的にとらえることができる。

多様なネットワークを渡り歩く子ども

母子の結合を重視する古典的なアタッチメントの考え方に対して、ソーシャル・ネットワークという考え方がある。自分を関係の中心に位置づけ、その周辺に自分との親近性・重要性に応じて同心円上に複数の人を配置するという構造(コンボイ・モデル)は、ソーシャル・ネットワークの全体像を、放射状のイメージとして視覚的に見せてくれる。しかし実態は、いろんな人が洋上の島々のように相互につながり合ってネットワークを形づくり、個々のネットワーク同士がさらに上位のネットワークを組み、星座群を構成するようなものであろう(図4-5)。

このネットワーク内で、親は他のアロマザーを視野に収めているし、またアロマザーからの視線を自らも感じる。そういった視野の交錯が、協力的育児というヒトの特徴の中で行われている。母親が子育ての核ではあるが、とはいえ母親だけを単独で中心に位置づけるべきではない。子どもはそのネットワークの中で、母親と複数のアロマザーとを比較検討し、近接や保護などを求めて、ついたり離れたりする状況が生まれている。子どもはそうしながら、家族や地域社会の中で社会性を涵養《かんよう》する。

このように家族を中心に置く求心的イメージではなく、アロマザリングの広がりの中で行われる子育てを特に強調する必要がある時、私は「コソダテ」というカタカナ表記を使うことにしている。それは「子育て」という使い慣れた言葉が「子どもを育てる主体としての親」を暗に含意していて、子どもが多様なネットワークの中で主体的に育つことの豊かさを過小評価させてしまうからである。

保育所入園は、家庭における母親のマザリング、家族のアロマザリングから、非血縁の専門家によるアロマザリングへの移行である。母親の職場復帰などによって、子どもが強制的に親

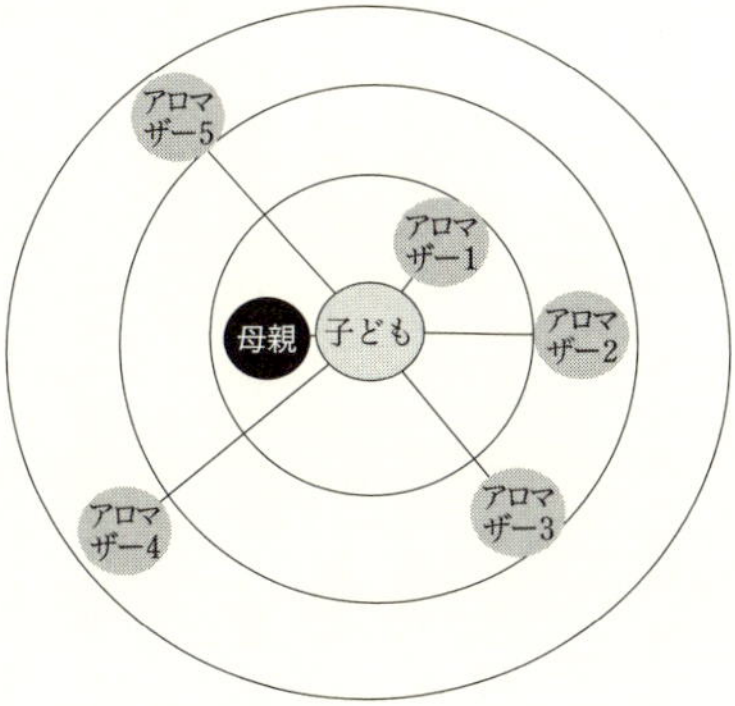

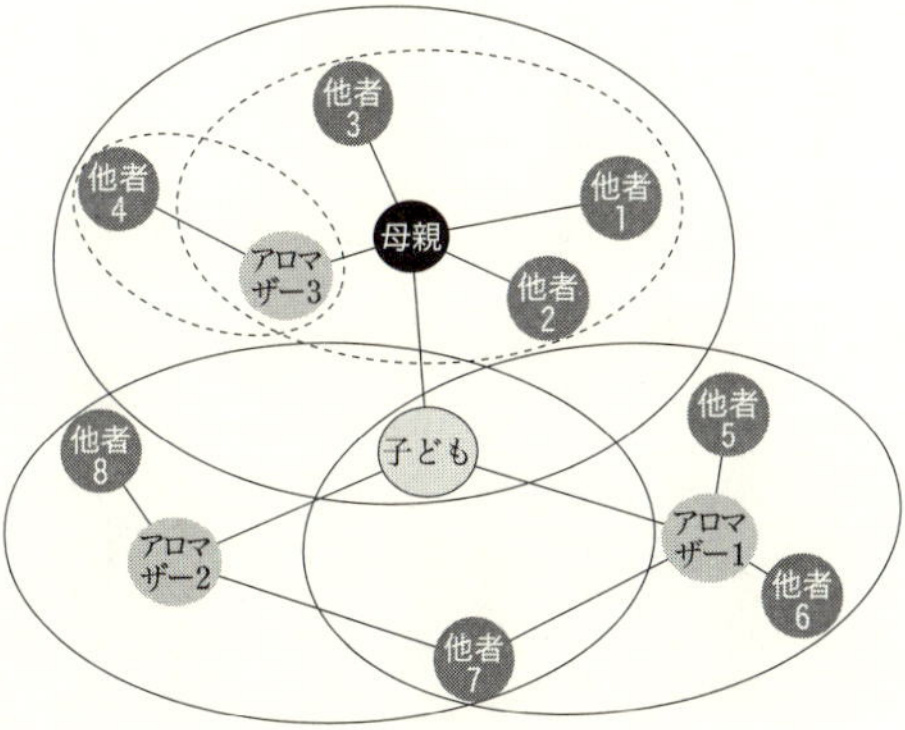

図4-5 コンボイ・モデル(上)とアロマザリング・ネットワーク・モデル(下)

や家族から引き離される子別れがなされるが、それは子どもが、非血縁の多様で豊かな集団に進出していくことと表裏である。特に新入園で保護者の手から保育士の手に子どもが渡される瞬間は、子どもと母親の両方にとって、家庭という私的な場から施設という公的なアロマザリングの場へのデビューであり、環境移行の大きな節目である。

医療や保育・教育などの場はこれまで、それぞれの官庁が縦割りで所轄してきた。その異なる現場の間を子どもは、家庭や地域を含めて縦横に行き来する。それぞれのシステムにはそれぞれ独立に、異なった専門家や規則、あるいは建造物や道具などがあって、移動のつど子どもはその異なったシステムに合わせて行動を調整し直している。それは子どもにとっても親にとっても容易なことではない。縦割り行政の壁を越えて、そういう複数の異なったシステム間を俯瞰し、相互の矛盾や飛躍を子ども中心に調節して整備する必要がある。そこに、こども家庭庁という独立した官庁がつくられた意義がある。

3 モノも子どもを育てる——その功罪

霊長類は基本的に、子どもが生まれ出たその瞬間から、母親がその子どもを手で抱き取る。

子どもも母親に抱かれつつ、母親のからだにしがみつき、その状態で運ばれる。ヒトは直立二足歩行を行うが、子どもはいつも手で抱かれるとは限らない。手は他の用途、特にモノを持って運んだり、あるいはモノを作ったり操作することにも用いられる。

子育てにもモノが多様に活用され、その目的の一つが子どもの運搬である。つまり、手が子どもの抱きから部分的もしくは全面的に解放され、モノがその代用を務める。モノは、おんぶひもやスリング、ベビーカーのように子どもを運んだり、あるいは、この後にみるナバホ族のクレイドルボードのように子どもを板の上に載せて布でグルグル巻きにするなど、さまざまな方法で活用される。身体接触にモノが介在しているのである。

ベッドや布団も含め、ヒトの赤ん坊はモノによって保護される。それはモノによるアロマザリングである。モノが母親の両手の代わりとなって子育てから母親を解放するとともに、子どもも安定して長時間保持されることが可能になった。

モノが促す母子の分離

モノは上手に活用すれば、子育ての頼もしい助けとなる。ナバホ族の家庭では、赤ん坊がクレイドルボード(図4-6)という板の上に載せられ、包まれる。それによって母親から子ども

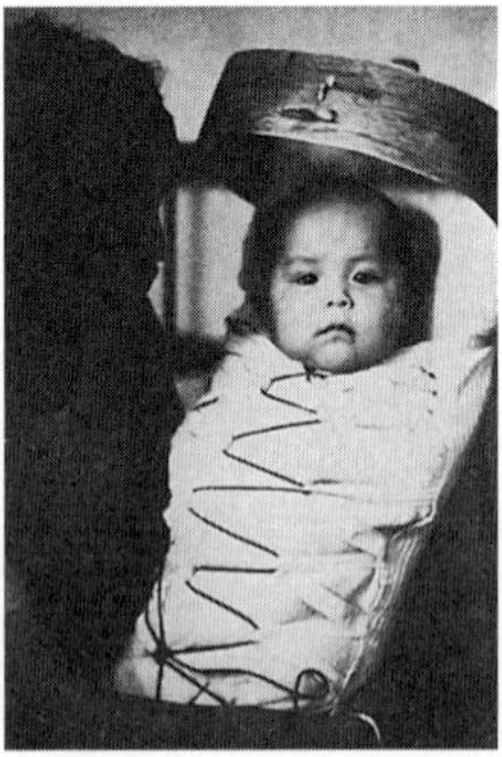

出典：Chisholm 1978

図4-6 ナバホ族のクレイドルボード

への身体接触の負荷が有意に減り、子どももその状態を嫌がらず安定して受け入れ、母親への反応性も低下することが確認されている。それどころか、むしろ身体をぐるぐる巻きにすることで、子どもはかえって母親や家族の「そばにいる」ことが増加することさえあるという。これはまさに、「分離しつつ守る」の具体化の一例といえよう。

家庭や保育所で子どもを観察すると、横たわっている時も、座っている時も、歩いている時も、驚くほど多くの時間、子どもは手にモノを持つ（**図4-7**）。モノの多くは、片手で持ち運び可能な軽さと大きさで、ときに口で舐《な》めたりもされる。モノというヒト独自の育児道具が遊具となって、昼間の安定した母子分離をつくり出す。

子どもが手に持つモノは、自分で操作・支配できる携行可能なミニ環境のようなものとなり、子どもが新しい環境を探索する時などに、お守りのように子どもを安心させる効果がある。モノを舐めることは、おしゃぶりのような効果をもつのかもしれない。しかもそれを持っていることが、周囲の人との交流のきっかけも与えてくれる。

より活動的となった年長の子どもにとって、園庭や公園のすべり台やブランコといった遊具など、遊びに使われるモノはさらに大型化する。モノの存在はヒトの母子の隔たりの維持と、子どもの仲間づくりや世界の拡大、体力増強、新たなチャレンジなどにとって重要な役割を果たしている。それは子どもを楽しませるとともに、安定した母子分離をもたらしてくれる。距離をつくり出すために、わざと母親が子どもに玩具を与えることも多々ある。それと同時に、母子は互いの意図を読み合い、心を通わせるためにモノを積極的に活用する。モノにはそれが促進されるような工夫もある。これも母子の身体的関係を超えた三項関係である。

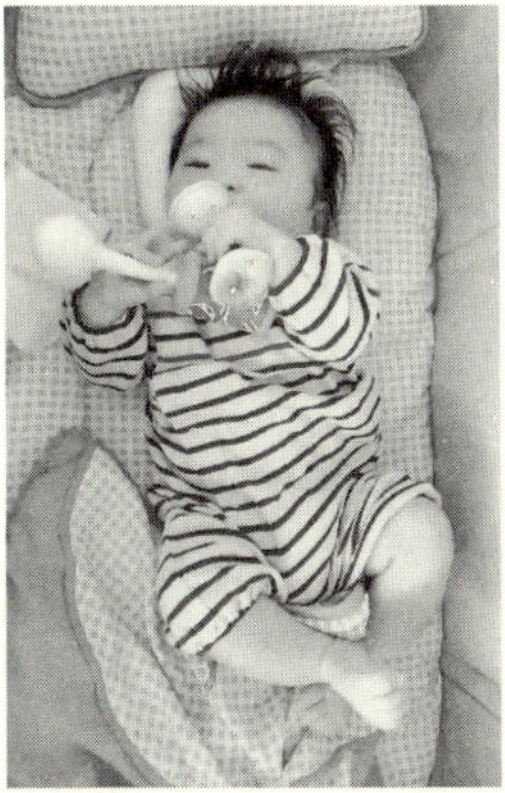

図4－7 モノを手に持ってご機嫌の赤ん坊

ヒト・モノ・シクミによるサポート

すでに述べたように、ふかふかしたぬいぐるみの人形とか毛布などのモノが移行対象として母子の分離を支えているというのは、ヒトにおけるモノの重要性を物語っている。それは単に母親の不在の代償というのではなく、母親を求めるのと同等に、モノという持ち運び可能なアロマザーを積極的に求める生来的な欲求がヒトにあることを教えてくれている。そういう遊具が商品化されて巨大な市場を形成していることは、モノに対する親と子のニーズの高さを示している。生後すぐからヒトの子どもにみられるモノへの執着は、モノがアロマザーとして独自な役割を果たしているという、ヒトにおける重要な事実の傍証である。

保育所では、子どもがポータブルなアロマザーであるモノを保持したまま、新たな環境で遊ぶ様子がよく観察される。限られた数の保育士が、モノのおかげで、多くの子どもを安定して保育できている。おそらくモノがなければ、今の形の保育所の保育は成立しないであろう。

新入園の子どもたちは初めて家庭と親から長時間離されて、見知らぬ環境で見知らぬおとなと子どもたちの中に入っていく。それは心細い体験であり、俗に「ギャン泣き」といわれる激しい泣きを示す子どもも少なくない。その泣きを真っ先に癒やすのは保育士の抱きであるが、やがて慣れてくるとすぐモノへの執着があらわれ始める。

その移行期に一過的に、複数の保育士が子どもを手前に抱えつつ車座になって、その前にモノを配置し、「保育士＋モノ」の共有空間をつくることがよく見られる(図4-8)。そうした状況では、保育士のヒザ周りで緩やかに抱かれた子どもたちが、そういったモノを触って遊ぶなどしている。私はその抱き方を「包座《ほうざ》」と命名したが、それが保育士による抱きからモノ遊びへのスムーズな移行の契機となっている。また保育士は、子どもの目の前にさりげなくモノを提示したり振ってみせたりして、子ども自らそれに関心をもって手を伸ばすように頻繁に仕向ける。

図4-8　子どもをゆるやかに環境に開かせる保育士の包座

このように家庭でも保育現場でも、育児具や玩具などのモノが担うアロマザリングの役割は極めて大きい。ヒトとモノが組み合わさってシステムをつくり、さらにそれが組織化されてヒト・モノ・シクミの重層的なサポート・システムを形成して、「分離しつつ守る」というヒトの子育ての特徴を実現しているのが保育所である。

子どもの命を脅かすモノ

育児具や玩具の多くは、もともと母親の身体が子どもに提供していた資源や刺激・保護を、母親に代わって子どもに与えるという役割を演じている。しかし母子の身体接触における抱きの重要性を認識するならば、安易にモノに頼ることは、母子間で身体を介して自然に共調整する大切な機会を、モノがみすみす遠ざけることにもなりかねない。

また、状況によってはモノが身体を危険にさらすこともある。たとえば、かつてベビーカーで、フックに重い荷物を提げることが子どもの転落事故を生んだことがあった。そのように、母親が子どもを直接手で保護するわけではないため、モノは適切に用いなければ、思わぬ子どもの事故につながってしまうリスクもはらんでいる。

階段は、ヒトが家庭で垂直方向に空間移動することを可能にしてくれるが、おとなの身体サイズをもとに作られているので、子どもにとっては昇降が大変で、落下して骨折するような事故がしばしば起こる。風呂場も同様であり、浴槽は転落による溺死事故の原因となっている。モノによるアロマザリングという遠心性は、裏を返せば子どもが家の中で、おとな仕様の人工的環境とミスマッチを起こし、さまざまな不慮の事故の危険にさらされることも意味する。

厚生労働統計協会がサイトで公開している「ICD基本分類による年次死亡数データ」(二〇二〇年。ICDとは「疾病及び関連保健問題の国際統計分類」の略)の二〇一八年における厖大《ぼうだい》な資料をもとに、心理学者の掛札逸美《かけふだいつみ》が子どもの死亡事故情報を整理している(掛札 二〇二四)。ここではそれをさらにコンパクトにまとめてみた(**表4-2**)。表からは、年長の子どもの交通事

表 4-2　子どもの死亡事故件数(2018 年)

年齢階級	0-4 歳, うち 0 歳は( )内	5-9 歳	10-14 歳	15-19 歳	全年齢
不慮の事故	147(64)	75	65	239	41238
交通事故(%)	23.8(4.7)	41.3	44.6	63.2	11.1
受傷した歩行者	23(0)	20	14	11	1614
受傷した自転車乗員	3(1)	4	7	24	595
受傷した乗用車乗員	7(1)	4	4	30	998
転倒・転落・墜落(%)	5.4(1.6)	1.3	4.6	6.3	23.4
スリップ, つまづき及びよろめきによる同一平面上での転倒	2(1)	0	0	4	7596
他人によって運ばれている時又は支えられているときの転倒・転落, 家(庭)	1(0)	0	0	0	2
建物又は建造物からの転落	3(0)	0	2	7	437
不慮の溺死及び溺水(%)	15.6(9.4)	25.3	27.7	17.6	19.5
浴槽内での溺死	13(5)	7	8	14	5932
浴槽への転落による溺死	1(0)	0	0	0	26
水泳プール内での溺死	2(0)	1	0	0	5
自然の水域内での溺死	2(0)	7	7	21	654
その他の不慮の窒息(%)	46.9(79.7)	8.0	9.2	3.3	21.5
ベッド内での窒息／絞首	30(27)	0	0	0	48
胃内容物の誤嚥	20(14)	2	1	5	1336
気道閉塞を生じた食物の誤嚥	8(2)	1	1	3	4604
気道閉塞を生じたその他の物体の誤嚥	5(4)	2	1	0	2405
自然の力への曝露(%)	2.7(1.6)	10.7	7.7	2.1	7.6
自然の過度の高温への曝露	2(1)	1	0	0	1581

注：パーセンテージは不慮の事故全体に対する割合
出典：掛札 2024 より作成

故は別にして、幼い子どもにとっては、溺水、誤嚥《ごえん》、窒息などにより息ができなくなることが死因として圧倒的に多いことがわかる。掛札は、息のできない状態は、たいていの場合大事にいたらず終わるため警戒感が生まれにくいが、実は最大限の警戒が必要だという。「ひもを首に巻かない」「おとながいない所で水に近づかない」といったことを、子どもに口頭で教えるだけでは不十分である。

母親の身体と子どもの身体との関係は、長い時間をかけた進化によって、鍵穴と鍵のごとく整合するように予定調和しているが、人工的に開発されたモノはヒトにとってそういう裏づけを欠いた新参物である。そのためにモノがアロマザリングをする際、子どもが生まれつきもつ要求や、その身体機能と不整合を起こすことがある。よく知られた例として、不適切な大きさの食品や玩具が喉に詰まることで子どもが窒息死したり、鋭利な刃物などを触って手指を切ったりする場合があげられる。

母子の隔たりは自律をもたらすが、それは親の目の届かないところで、子どもが危険に遭遇する可能性を高めるという意味で、諸刃の剣である。モノが不慮の事故につながることは工学の分野で研究が進んでおり、それをふまえて安全規格も制定されている。死亡事故には窒息以外にも、場面や危害の原因、損傷する身体部位とその様相などによって、転落・墜落、やけど、挟まれなどがある。

ただし子どもの事故は、死亡につながるような重篤なものばかりではなく、むしろひどくても骨折までが圧倒的に多い。軽微な打撲や擦過傷、捻挫などまで加えると、子どもは日常的におびただしい傷害に遭遇している。

国民生活センターは重篤でないものも含めた子どもの事故をまとめている。図4－9は事故の発生場所を示しているが、一見して明らかなことは幼い子どもにとって家庭がいかに危険な場所であるかということである。家庭は子どもにとって、「分離しつつ守る」ための安全な場

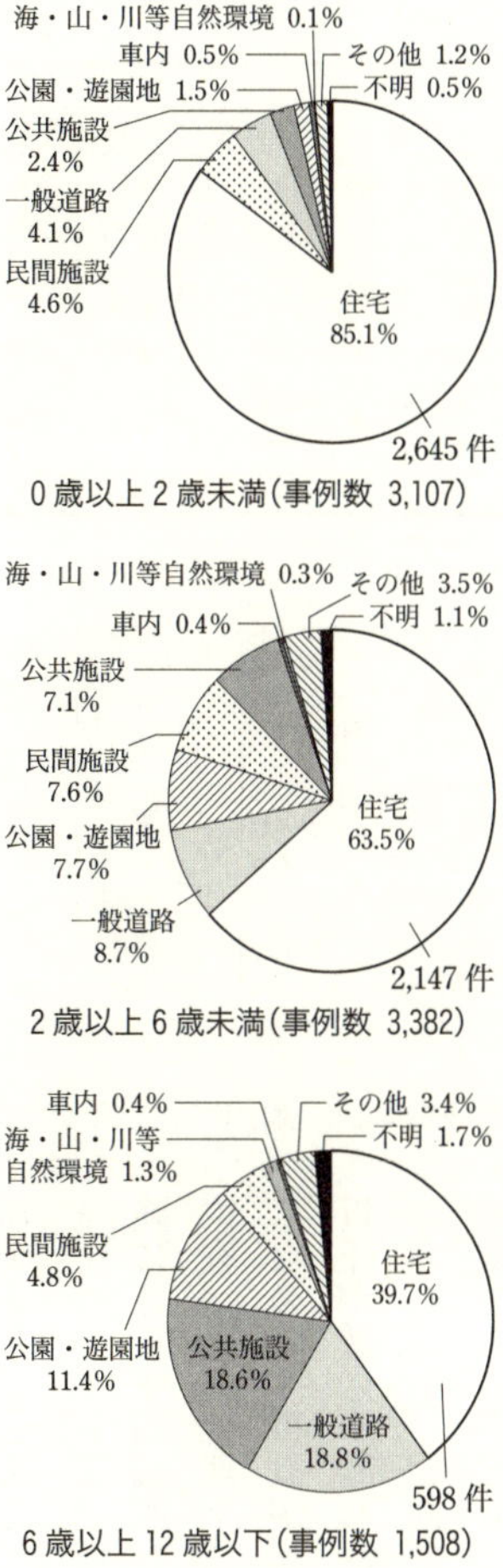

出典：国民生活センター「医療機関ネットワーク事業からみた家庭内事故――子ども編」2013年

図4－9 子どもの事故発生場所

齢・事故種別の関連器物上位

落ちる											
0歳		1歳		2歳		3歳		4-6歳		7-14歳	
ベッド	754	階段	825	階段	716	階段	418	階段	452	階段	500
人	342	椅子	538	椅子	360	椅子	188	滑り台	209	滑り台	240
階段	288	自転車の補助イス	320	自転車の補助イス	334	自転車の補助イス	186	椅子	178	フェンス・柵・塀	232
椅子	251	ベッド	226	ベッド	153	滑り台	87	ベッド	157	植物	232
ソファ	222	ソファ	154	人 滑り台	109 109	ベッド	86	その他の遊具	142	雲梯	202

ものがつまる等											
0歳		1歳		2歳		3歳		4-6歳		7-14歳	
包み・袋	447	タバコ	195	薬剤等によるもの	115	ビー玉類	75	アメ玉類	107	魚等の骨	53
タバコ	293	薬剤等によるもの	164	その他の玩具	88	その他の玩具	74	ビー玉類	88	アメ玉類	36
その他の玩具	242	その他の玩具	129	魚等の骨	72	アメ玉類	65	その他の玩具	88	ビー玉類	30
不明	214	電池	93	アメ玉類	62	魚等の骨	51	魚等の骨	79	その他の玩具	17
異物	94	不明	90	ビー玉類	45	薬剤等によるもの	44	薬剤等によるもの	33	硬貨 食物	16 16

注：数値は人数
出典：消費者庁『平成30年版消費者白書』2018年より一部抜粋

所であるとともに、人工的環境として一つ間違うと子どもを危険にさらす両価的な空間である。家庭は親の管理下にあるスペースなので、事故が起こると親の責任が厳しく問われることとなる。しかし、冒険好きで好奇心の塊である子どもには、それによって環境探索を行って世界を広げるという側面がある。おとなには思いもよらないような挑戦をして、不慮の事故に遭うという報告が後を絶たない。

　消費者庁が一四歳までの救急搬送事故について、その概要を

表4-3　14歳までの子どもの救急搬送

ころぶ

0歳		1歳		2歳		3歳		4-6歳		7-14歳	
居室	342	居室	733	居室	465	居室	379	居室	533	運動施設	2,091
その他の家具	70	その他の家具	332	その他の家具	265	階段	166	道路	420	道路	628
ベビーカー	53	机・テーブル	175	階段	199	その他の家具	157	階段	345	人(衝突のみ)	556
道路	39	椅子	162	道路	185	店内	152	その他の家具	250	居室	494
机・テーブル	36	階段	151	浴室	138	道路	149	公園	239	階段	328
椅子	36										

ぶつかる

0歳		1歳		2歳		3歳		4-6歳		7-14歳	
その他の家具	83	その他の家具	211	その他の家具	215	その他の家具	148	その他の家具	229	人(衝突のみ)	1,433
人(衝突のみ)	40	机・テーブル	117	机・テーブル	113	机・テーブル	94	人(衝突のみ)	162	ボール	850
机・テーブル	31	ベッド	46	柱	60	壁・天井	55	机・テーブル	127	手動ドア	241
椅子	24	椅子	43	人(衝突のみ)	55	手動ドア	54	壁・天井	103	壁・天井	198
壁・天井	17	柱	43	手動ドア	54	人(衝突のみ)	44	手動ドア	103	柱	187

まとめている。それによれば「ころぶ」「落ちる」という身体のバランス保持の失敗による事故がどの年齢でも圧倒的に多く、それに加えて乳児の誤嚥・窒息系の事故や、幼児・児童の「ぶつかる」という運動コントロールの不全による事故の多発が、比較的目立つ特徴である(消費者庁『平成三〇年版消費者白書』二〇一八年)。そのうち「ころぶ」「落ちる」「ぶつかる」「ものがつまる等」に限定して、**表4-3**に抜き出してみた。

それによると、事故を引き起

こした原因としては、年長児の交通事故や遊び場・運動場での一部の事故を除けば、ほとんどが家庭内のありふれたモノであり、普段の行動の中でそれが弄ばれた結果、思わぬ事故になることを示している。いうまでもなく乳児の誤嚥は離乳における積極的な食志向と関連しているし、幼児・児童の衝突事故は環境探索における身体運動の活発化と関連している。親の監視不足だけを責めるのは酷である。

不慮の事故と子どもの積極性

自立期の子どもは好奇心が旺盛で、親の干渉を嫌って自分で何でも試してみようとする。親は危ないので規制しようとするが、子どもは自分を制御しようとする親の意図を読み取り、それがわかってあえてそれに逆らったり、先回りしてその裏をかこうとする。親からみると、そうした子どもの行動は危うくて看過できず、「親の心子知らず」という確執が発生する。

子どもをケガから守ることと子どもの積極性を育てることとは、トレードオフの関係にある。ケガの程度が軽くなればなるほど、守りすぎることの弊害として、子どものたくましさをそいでしまうという悩ましい問題が生じる。

心理学者のJ・M・プルマートは、目標物に到達することが困難な複数の課題を実験室に用意し、自分の身体能力を超えてチャレンジしたがるかを、異なる年齢の子どもに問うた(Plumert 1995)。この実験により、六〜八歳の子どもは、おとなに比べ自分の身体能力への過剰な有能感をもっており、到達不可能な環境事物に対して到達できると誤判断する傾向が高いことを実証してみせた。また衝動性の強い子どもは、六歳ではまったく届かない課題への判断ミスが有意に大きいのに対し、八歳ではわずかに届かない課題への判断時間が有意に短かった。親に日誌で子どもの事故の発生を記録してもらったところ、八歳児は実際により重篤な事故に遭遇していた(**表4-4**)。

表4-4 衝動性と判断の正確さ・判断時間・事故の重篤さの相関

	衝動性	
	6歳児	8歳児
判断の正確さ		
まったく届かないレベル	-0.47**	-0.03
わずかに届かないレベル	-0.31	-0.1
判断を下すまでの時間		
まったく届かないレベル	-0.22	-0.14
わずかに届かないレベル	-0.11	-0.46*
起こした事故の重篤度	-0.05	0.54**

*p<.05, **p<.01
出典：Plumert & Schwebel, 1997

つまり不慮の事故は単なる子どもの能力不足の結果というよりも、子どもの環境への積極的で果敢な挑戦という好ましい能動性ともつながっており、二律背反的特性のあることが強く示唆される。事故に至らなくともヒヤリとさせられるケース(ヒヤリハット)まで含めるとおびただしい危険が子どもの周りに存在するが、それを過度に恐れて防衛的になりすぎ、子どものたくましさや自律を損ねないよう、自制的な配慮が必要である。

一九九五年、兵庫県南部地震が発生した際に、幼い子どもはおびえることなく眠り続けており、親が身を挺して幼い子どもを守ろうとする傾向がみられた(根ヶ山 二〇一〇)。そしてその守り方は、子どもの年齢が上がると、手を握るだけだったり声かけをしたりと変化した。つまり、直接的な身体的防衛から心理的防衛へと推移していたことになる。子どもが揺れに対して正しくおびえ、何らかの適応的反応をするのは七歳を過ぎてからで、その頃から自分自身で地震に対処できるようになっていたことがわかる。

同様のことは道路を横断する際に、正しいルートを選択するかどうかでも確認されている(Ampofo-Boateng et al. 1993)。その研究では、子どもは九歳頃になると、たとえ遠回りとなっても車の走行状況などを勘案して、安全なルートをとることができるようになっていた。

似たようなことは離乳期の子どもの食にもいえる。心理学者のP・ロジンらの実験(五四ページ参照)が実証したように、それまで乳しか口にしてきていない子どもが爆発的に食の多様性を増やすのは、貪欲さと好奇心によるという。離乳はその貪欲さがあって初めて可能なことであるが、それは同時に、不適切なモノの誤飲と裏腹である。その貪欲性ゆえに喉に食物を詰まらせて窒息する、腐ったものや毒物を口にして命を危険にさらすなど、思わぬ事故の恐れがある。

初めてのものを食べた直後に嘔吐や下痢などの体調不良を体験すると、その後その食べ物を受けつけなくなることがあり、それは「食の忌避」と呼ばれる（Pelchat & Rozin 1982）。そういう現象は、親の目が届きにくくなる小学生時代に一過的に多発し、その後新たな忌避は少なくなっていく。ネズミが殺鼠剤《さっそざい》を二度と食べなくなるのと同じく、有害なモノを避けるという学習能力は子どもの自活能力の表れである。幼い時は親が注意深く子どもを保護しているために、その必要がない。

不慮の事故自体は避けられるべきだが、それにつながるような子どもの能動性は、子どもが親への依存から脱して世界を広げる起爆剤となる。迷子は二〜五歳頃に多発することが知られているが（小島 二〇二三）、その時期にこそ子どもが親のもとを離れ、長時間にわたって家庭外の環境を探索するようになる。心細さもあるだろうが、それを凌駕する好奇心と勇気が子どもにはみなぎっていて、その推進力で障壁を強く突破している。それを駆動するものは、スリリングな楽しさである。その時期に外界の新奇性に圧倒されていては、自立はおぼつかない。

ここまでみてきたように、モノは母子の隔たりを生み、環境との自由な関わりを育ててくれるが、それは同時に事故の原因ともなる。子どもを危険な目に遭わせないようにと、親は子どもを自分のそばに置こうとするかもしれない。しかしそれでは母親と子どもの行動の自由度が奪われる。子どもを守るのかリリースするのか、ヒトの子育てを困難化する二律背反の悩ましさがここにも顔を出している。

4 親中心主義と子ども中心主義

私はこれまで、日本とイギリス(スコットランド)の家庭や実験室でさまざまな観察・実験を行ってきた。それは子育てが洋の東西で大きく異なる側面と、ヒトとして共通である側面とをともに教えてくれた。特に、親子のどちらが主導性、すなわちやりとりのイニシアチブをとるかということについて、日英に違いがあることは私にとって大きな発見であった。

日英間にみる親子関係の文化差

寝かしつけの場面で、イギリスの母親がまだ寝入っていない子どもを強制的にベッドに入れて子どもから離れるのに対し、日本では子どもを泣かさぬように、寝入るまで寄り添い、身体接触を保ち続ける。これなどは、日英の違いの典型例である(根ケ山 二〇〇二、Negayama &

Trevathen 2022)。

また日英の離乳食の摂取場面の観察からは、イギリスの母親が子どもの自律の兆しを認めると、あっさりと供給役を退いて子どもに自分で食べさせようとするのに対して、日本の母親はその後も引き続き子どもに供給しようとする傾向が確認された。そのことが子どもの拒否を引き起こし、いわば子ども側からの調整によって食の自律が進行するというのが日本の特徴であった。しかも日本の子どもは拒否とともに、遊びとして、自分から進んで親に食べ物を供給することもあった。母親も子どもが主導権をとることを一緒に楽しみ、進んでそれに応じていた。

子どもの開口とほぼ同時に親も開口する「共感的開口」という行動の同期のタイミングを、子どもが六カ月と九カ月の時に日英で観察し、マイクロ分析したことがある。その調査では、子どもが六カ月の時、イギリスの母親は日本の母親より明瞭に食供給を自分のペースで進め、子どもをそれに従わせる傾向が顕著であった(根ヶ山 二〇二四)。日本の母親はそれと逆に、子どもの開口を待ち受けてスプーンを挿入することなどが明らかとなった。すなわちイギリスの母親における親主導性(親中心主義)と日本の母親における子主導性(子中心主義)という文化差が、それぞれの同期を成立させる機制として認められた。

ベッドや布団というモノは、安全な家・部屋という場と就寝時間の中で、また食道具というモノは、食卓という場と食事時間の中で、それぞれ母子相互のやりとりの道具となっている。言いかえれば、その親子が生活する文脈を、それらのモノが紡ぎ出している。親はその生活文脈の中で子どもの能動性と向き合い、家事や趣味、息抜き、仕事、社会活動、家族との交流などと折り合いをつけながら、子育てを行っている。そのような親子間の共調整において、イギリスは親が自分を主体に、日本は子どもを主体にする傾向が強かった。こういったことの総体を枠づけているのが文化である。

イギリスのように母親が主導的に子どもを世話する時には、望むタイミングとやり方を母親自身が選べるので、子どもを保護することと母親の自律の矛盾が少ない。一方、子ども中心だと子どもの保護が優先され、母親の自律が陰に隠れて、母親が望むタイミングとの矛盾が表面化する。

日本は子ども中心で親によるコントロールが小さいので、親が子どもに沿うようになりやすく、それは下手をすると子どもの増長を招いて、親を振り回すことになりかねない。もともと子どもを尊重し、その要求をなるべく叶えようとする日本の子育ての良さを認めつつも、毅然とした態度で子どもに接すること、あえて子どもから離れて見守ることも忘れるべきではないと考える。第3章でも述べたように、それは遠心性の問題である。子どもと親を対等に位置づけ、コンパニオンシップをめざすことによって、親と子どもが真の共生関係へと入っていけるように思われる。

文化による子育ての相対化

先に述べたとおり、子どもには強弱の二面性が備わっている。弱さの側面からは、子どもは親のそばに近づいたり助けを求めたりして、親に危機を救ってもらおうとする。それは親からの保護を活性化し、子ども中心で世話をしようとする親の志向性と相性がいい。しかし強い子どもの側面が顔を出すと、尽くす親から資源を貪欲に搾取しようとし、それは親を疲弊させる。しばしば西欧の個人主義に対して日本は集団主義であるといわれる。親のリーダーシップを重視する西欧と、子どもの強さを尊重する日本の育児風土を背景にしてはいるものの、食や就寝など、日常の身体化された養育行動の繰り返しの中にこそ、そういった差が生まれる直接的な原因がある。

和魂洋才は日本人がかねてから得意とするところであるが、こと子育てに関しては、日本独自の子育て風土の中で育児を営んできた日本人が、西欧の育児理論を採り入れることには慎重さが必要である。子育て風土とは対人関係や対物関係、それに自然環境までも含み込んだ文化システムそのものである。家族の構成、親子、きょうだいや夫婦、近隣関係、生業から家の建て方・住まい方、気候風土にいたるまでジグソーパズルのように相互規定されている。そこに西欧の枠組みを導入してはめ込むことは、全体がきちんと収まっているなかで、一部のピースを取り替えて全体の安定性を下げてしまうようなものとなる可能性がある。日本の母親が今日抱える育児の困難感の根底に、こういう問題がありはしないだろうか。

二〇〇〇年頃から、アフリカの狩猟採集民社会の子育てについて、文化人類学的研究が盛んに行われるようになってきた(Hewlett & Lamb 2005; Otto & Keller 2014など)。その背景には、文化的存在としてのヒトにおける子育ての多様性について、関心が高まってきたという事情がある。特に最近は、従来の研究知見が、研究者も研究対象も西欧の知的中産階級に偏重するなかで生み出されてきたことが反省され、その動きが加速されている。

同じ文化圏で生活する者同士が暗黙裏に同じ価値観を共有し、その価値観をベースにした仮説を立てて変数を用意し、それによって研究すれば、結局その価値観を再確認するような結論が導かれやすくなる。そのトートロジー(同じ結論を繰り返しなぞること)は、異なる文化の育児にそれと適合しない知見や理論を当てはめることにつながり、育児困難の原因ともなりかねない。

実際、現在のわが国の子育て観は、西欧由来のものが主流であるようにみえる。しかしその底流には、わが国古来の子育て風土が脈々と息づいている。私たちの行った日米仏の国際比較研究では、日本の母親は米仏の母親に比べて自己イメージが悪く、母親であることを楽しんでいないという結果が得られている。それはもともと子ども中心主義の日本的子育て風土があるにもかかわらず、それとは異なる親中心主義の西欧的な育児の価値観をめざしているため、という可能性があるかもしれない。

子どもの主張性に対して、親の権威の力でそれをコントロールしている西欧でも、子育てに献身する母親の「燃え尽き症候群」の危険性が問題になりつつある。燃え尽きはむしろ、子どものためを考えて耐え忍び、自己犠牲的精神で子どもを大事にしがちな日本の親においてこそ危ぶまれる点である。

イギリスで発祥したアタッチメント理論は、欧米を中心とした諸研究でその正しさが実証され、国際標準として母子関係の基軸となってきた。それは間違いなく重要な考え方であり、子どもを主体にした育児を志向する日本の母親にとって、接触重視と応答的育児の主張は違和感なく歓迎された。

しかしアタッチメント理論は、親主導性の強いイギリスで、その中和のために求められたものであるという側面があるとすれば、日本にそれを一律に当てはめることは、人によっては屋上屋を架すことにもなりかねない。逆に子ども中心の日本にとっては、親が強く子どもを離し、子どもから離れる観点(遠心性)こそが求められるのではないか。その点で、第5章でみる多良間島における「守姉」という土着的なアロマザリングの風習には、学ぶべき点が多い。

第5章

親・家庭を超えた子育て

――多良間島の「守姉」

ここまで、ヒトの親子の動物行動学的な特徴と、それにもとづく母子関係の困難さの諸相、さらにさまざまなアロマザリングによる困難の回避と増幅の二面性などを論じてきた。本章ではアロマザリングの一形態として、私たちが二〇年以上にわたって調査を続けている沖縄県の多良間島における「守姉《もりあね》」(根ヶ山 二〇一二、根ヶ山・外山他 二〇一九)について詳しく紹介する。それによって地域の広がりの中で行われるコソダテの実態とその変遷から、地域社会・家族・子育ての関連について考察してみたい。そのことを通して、今日のヒトにおける子育ての困難にどう向き合うべきかという課題へのヒントを探っていく。

1 「守姉」というアロマザリング

多良間島は、子育ての多様性を考えるうえで極めて示唆に富むフィールドである。とにかく子どもの数が多く、一九九八年から二〇〇二年の五年間の平均(厚労省「人口動態保健所・市町村別資料」)で、一人の女性が生涯に生む子ども数の理論値を示す合計特殊出生率が全国の自治体でトップの三・一四となったことにより一躍その名が知られるようになった。かたや当時の最低値は東京都渋谷区の〇・七五であった。この数値が二・〇七を切れば人口が縮小するといわれるが、一九八九年の調査では国全体で一・五七となった。一九六六年の一・五八(この年は丙午《ひのえうま》だったことで、迷信により出産が全体的に減少した)を下回り、「一・五七ショック」と騒がれた。そういう少子化の中で、多良間島の存在は特異であった。

沖縄・多良間島の苛酷な生活事情

多良間島は沖縄の南西部、石垣島と宮古島という観光地のちょうど中間の洋上にぽつんと浮かぶ、周囲約二〇キロメートルの小さな離島である。ニュースでしばしば名前の出る尖閣諸島が、島の北に位置している。その卵形の平たい島に、大正末期には四〇〇〇人近くの島民が住んでいたが、徐々に人口が減少し、現在は約五〇〇世帯一〇〇〇人余りとなっている。人々の生活は島の一部地域に集中して営まれており、保育所・幼稚園・小中学校・役場・診療所など、子育てのいろんな関連施設も一望のもとに把握できる。

この島は珊瑚礁が隆起してできた島であり、日照りが続くと農作物、特に主産業のサトウキビやタバコの栽培に大きな損害が生じる。一九三〇年代には、飢饉に耐えかねた島民がこぞって島を離れて、他の土地や海外に移住したという出来事があったし、また夏場は台風の多い地域でもある。空腹に耐えかねて有毒のソテツの実を食べ、複数の死者が出たという「ソテツ地獄」の悲話が、今も古老の口から生々しく語られる。一七七一年には大きな津波(明和の大津波)に襲われて、多くの人命が奪われたこともある。

またこの島を含む先島諸島《さきしましょとう》は、琉球府(首里)によって一六三八年から一九〇三年まで約三〇〇年の長きにわたって人頭税という重税をかけられ、島民は生活に喘《あえ》いできた。人頭税とは、薩摩藩が一六〇九年に当時王国であった琉球に侵攻して重税を課し、その重税対策として琉球府が先島諸島に課した個人単位の税のことである。一五歳以上の男性には穀物を、女性には反物を納めさせた。

江戸から薩摩が、薩摩から琉球が、琉球から宮古が、宮古から多良間がという搾取の重層構造の中で、多良間の人たちの生活がどれほど苛酷な状況下にあったかは想像に難くない。人々は皆苦しい生活の中で支え合いながら暮らし、男性も女性も遅くまで夜なべをして働くことでやっと糊口《ここう》を凌いでいたという。このような島の生活の惨状は「シマチャビ(離島苦)」と称される。

同じく先島諸島の与那国島《よなぐにじま》では、島の西端にあるクブラバリという岩の深い割れ目を妊婦に跳ばせて、体力のない者が跳びきれずに落下することで人減らしをしたなどといった悲話も残っている。口減らしとして、男の子が沖縄本島の糸満《いとまん》に漁師の見習いとして売られ、溺死の酷い仕打ちを受けた「イチマンウイ（糸満売り）」、あるいは女の子が子守やジュリ（遊女）となった身売り話の記録もある。これらの悲惨な数々の話が物語っているように、多良間島の過酷な生活事情が、母親の就労と母親以外によるアロマザリング、あるいは地域の相互扶助システムを発達させたことは想像に難くない。

図5-1　守姉

守姉と守子との深い絆

多良間島の守姉とは、赤ん坊の家族以外の少女によるアロマザリングである（図5-1）。赤ん坊と守姉の間には血縁がある場合も、ない場合もある。血縁がある場合、前述したように、少女はその守子（ウットゥ）の母方のいとこであることが多く、それは同血縁個体を育てるという意味で、同じ遺伝子を残す血縁淘汰にかなっている。

また血縁がない場合は、親の職場の同僚の子どもや、隣人の娘といった事例が多い。守姉という風習がいつ頃生まれたものかは定かでないが、この島の厳しい生活苦を抜きにしては語れない。ちなみに、守姉は多良間島に固有の風習ではなく、沖縄の島々に広く見られたものであったが、他の島々ではすでに消失してしまい、今は多良間島でのみ残存している。

正式には、赤ん坊の親がこの家族のこの少女にと白羽の矢を立てて、重箱にごちそうを詰めてその少女の家を訪ね、親に守姉の申し入れをする。これはまるで結納のような儀式であり、それは守姉が結婚のように両家を結びつける機能をもっていたことを暗示している。

少女は見込まれたことを誇りに思って、懸命に守子の世話をする。いわゆるベビーシッターのような金銭的報酬のある短期のアルバイトではなく、少女の継続の動機はその誇りと赤ん坊への慈しみの感情である。それに対し、守子の親は金銭の代わりに、たとえばその少女の入学や卒業などの節目に、祝いとして衣服などを買い与える。

ときには赤ん坊との相性が悪くて守姉を中止することもなくはないが、うまくいけば守姉は守子がおとなになっても続く生涯の後見人となる。守子からみて守姉は、きょうだい以上、親以上の関係だとよく評される。

二〇一三年から村長を務める伊良皆光夫《いらみなみつお》氏が、選挙で初めて当選した時、かつて守姉であった高齢女性が那覇での祝賀会に来賓として招待され、壇上で氏に花束を贈呈した。その様子が当時の地方紙に写真入りで紹介されている。

あるいは、守姉の女性が死去した時、守子であった人がその葬儀に親族とともに参列する、といったこともある。それ以外にも、結婚して島から出た守姉を守子が訪ねたり、島外で生活するようになった守子が島に帰ってくるたびに、必ず手土産をもって守姉のもとに挨拶に出向く、などということをよく耳にする。

子どもが人をつなぐ

守姉と守子の二者関係は、それだけで閉じてはいない。両者ともそれぞれ相手の家庭（守姉からはウットゥヤー、守子からはネエネエヤー）に出入りし、そこで食事をとったり泊まったりして、ほとんど同一家族のような融合した関係になる。守姉以外に祖母や近隣の高齢女性（どちらもオバアと呼ばれる）もまたよく幼な子の世話をし、その家庭（オバアヤー）も子どもたちにとって食事や寝泊まりの場になったりする。まさに、それぞれの家庭の壁を越えた「拡張家庭」とでもいうべき共同体が地域の中に生まれる。

そして、その緩やかなつながりの広がりの中を、子どもたちが個々の家庭の敷居を越えて、大らかに行き来するのである。それは出自の家庭を超えた、共同育児のセーフティーネットである。

私は二〇二一年から現在まで、多良間島出身でかつ今も多良間島在住の年配者を含むさまざまな世代の島民に、自分自身の子ども時代から現在までの島の子育てについてインタビューをしている。その中に、次のような七〇代女性の守姉体験についての語りがある。

「小学校四、五年から一人守姉をしました。相手は〇歳でした。学校から帰ってきたら毎日通ったんです。本人はまるで私のきょうだいの一番末っ子みたいなもんでした。本人も私のきょうだいも、お互い家族みたいな感じでずっといっしょにいました。ご飯を食べて、家に寝泊まりして、それで大きくなって。おむつ替えもするし、ミルクも飲ませて、抱っこしたり、大体親がするようなことはもうみんなしました」

私はまた、ビデオカメラを手にもって、守姉と守子を家庭やその周辺で長時間撮影したこともある。そこで観察した限り、世話とは次のようなものである。おんぶしたり、抱っこしたり、ベビーカーに乗せたりして連れ回し、おむつを替えたり、あやしたりする。あるいは、守子が危ないところに近づいたり、危ないことをしたりしないように、そばで見守っていたり助けにいったりする。また、自分が友だちと遊ぶ時に、いっしょに遊びの輪に入れてやったりもする。自分のきょうだいや友だちのネットワークの中に守子を引き入れることを通じて、守子が自分の社会的ネットワークに参入することを助けているのである。

このように、母乳哺育を除いて、おおよそ母親が幼い子どもにするようなことはすべて行うといってもよい。堂々とした世話ぶりで、見ていてもハラハラしたり、違和感を覚えたりすることはなく、それが小さい子どもの行為であることを忘れてしまうほどである。

そのアロマザリングによって、赤ん坊の母親は子どものことにかかりきりにならずに済み、心置きなく農作業や家事などにいそしめる。それを支えているのは、自分も子どもの頃そうしてきたので、少女にそれを任せても大丈夫であるという、おとなの子どもに対する信頼感（石島他 二〇一九）と、自負をもってそれを全うしようとする子どものプライドである。さらには、少女のケアを受け入れて、母親から安定して離れていることができる守子の「ケア受容力」とでもいうべきたくましさである。

島の子どもは保育所からの降園でも、オバアや親戚の家を中継点として、そこでいろんな人と交流しつつ、子ども同士群れて、あるいは一人で、母親の迎えを待ったりする。多くの人から子どもが見守られているが、それはある意味で、子どもがかすがいとなって島の人々を結びつけている姿とみることもできる。家族同士の交流を含め、島のソーシャル・ネットワークを下支えし、またその拡張を促進もしているのである(小島 二〇一九)。

しかも周囲が海に囲まれて自然が豊かなので、木登り、泳ぎなどの遊び場所には事欠かない。車の数は限られているし、ドライバーも子どもがいる区域では徐行する。バス・電車などの運行もないので、街の中は交通事故の危険性が低い。そういう環境が、地域に対する子どもの安心感を生み、屋外遊びを促進している。心理学者の近藤清美と山口創はそれを「面のアタッチメント」と呼んだ(近藤・山口 二〇一九)。

守姉と保育所

保育所の保育も母親にとっては、子育ての縛りから自分を解放してくれる頼もしいアロマザリングである。安心して子どもから離れて仕事に取り組めるので、忙しい親にとってありがたいサービスである。

しかし守姉は同じアロマザリングであるとはいえ、保育所における保育とはさまざまに違っている。まず保育所における保育は、厚労省が福祉行政として制度化し、直接には地方自治体が住民福祉サービスとして提供する施設型の公助である。一方、守姉は、地域の土着的な民間伝承型の共助的保育のスタイルである。保育所における保育は専門の教育を受けて国家試験に合格した資格保持者（保育士）が仕事として行うが、守姉は地域の子どもが専門的知識も訓練もなく、いわば素人が遊びとして楽しみながら行う行為である。

保育士は預けられる子どもと血縁がなく、また近隣の知り合いでもないのに対し、守姉は守子の親から見込まれて選ばれる地域の顔見知り、もしくは血縁者である。保育士は専門職として契約に基づいて保育の責任を果たすことで報酬を得るのに対し、守姉がケアを続けるのは誇りと遊びの楽しさのためであり、収入につながることは期待されていない。

さらに、赤ん坊を抱いてあやしたり、おむつを取り換えたりすることは、少女にとって将来の育児の貴重な練習の機会ともなっている。未成熟な雌ザルにも子どもへのアロマザリングがよく見られ、そこには「母親になるための学習」という重要な機能があると考えられている。他方、保育士と園児の間には、園児が保育士の「教師」となるようなことは基本的になく、子どもは保育の受益者である。

今日の都市部で、子どもの生活は学校が中心となっており、授業が終わっても部活動や、さらには学校外の塾や習い事などに占められていることが多い。そのため、少女が守姉のようなアロマザリングに参加することは、平日にはほぼ望めない。そもそも都市部は多良間島と違い、車の往来が多かったり、不審者の問題などもあり、親は子どもの安全に気をつかう必要がある。そういう環境では、乳幼児を少女に安心して託すという信頼感ももてない。その結果、親、特に母親がその責任感ゆえに、子どものそばにピッタリと張り付くようなことになり、親のストレスと子育ての困難感を増幅させてしまうことにもなる。

2 変わる島の子育て

沖縄は敗戦からアメリカの統治時代を経て一九七二年に本土復帰し、この五〇年余りの間に急激な変化を遂げている。離島である多良間島は、沖縄県の中でも比較的よく旧来の伝統を保ってきた地域であるが、それでもその生活スタイルは近年急速に、本土のそれに近づいている。それは、国の肝いりで進められた「都市化」の結果である。主に都市部などが戦後経験してきた子育ての変化が、沖縄では短期間で圧縮された形でみられており、その分問題も可視化されやすい。

高齢者にとっては、つるべで井戸から水を汲み上げ、それを天秤棒で担いで家まで何往復もして運んだり、ランプのホヤを磨いて煤《すす》掃除をしたりするのが、子ども時代の日課だった。前述のインタビューでは、多くの古老によって、その水汲みの辛さが繰り返ししみじみと語られていた。そうした世代から、テレビやインターネットが当たり前の、子育て中の若い世代までが、現在この小さな島の中で一緒に生活している。世代間の意識のギャップも大きいに違いない。

その社会の激変の中で、今述べたような特色ある島の子育てがどのように変貌してきたか、あるいは伝統を守ってきたかは、ヒトの子育ての不易と流行（普遍性と柔軟性）を明らかにするうえで重要である。多良間島というレンズを通して、守姉という風習を生んだ沖縄の文化・歴史、あるいは本土復帰後の産業・生活スタイルの変化と守姉の変化を重ね、それを通じて、家族、地域、文化などの複雑な要因がダイナミックに絡み合う子育ての姿をさらに考察しよう。

子どものケガへの対応における地域差

子どもが母親から離れると見守りが手薄となり、不慮の事故などに遭いやすくなる。では、守姉の風習がある多良間島を含む先島諸島の子どもたちは、関東などの都市に比べて被災しやすいのだろうか。

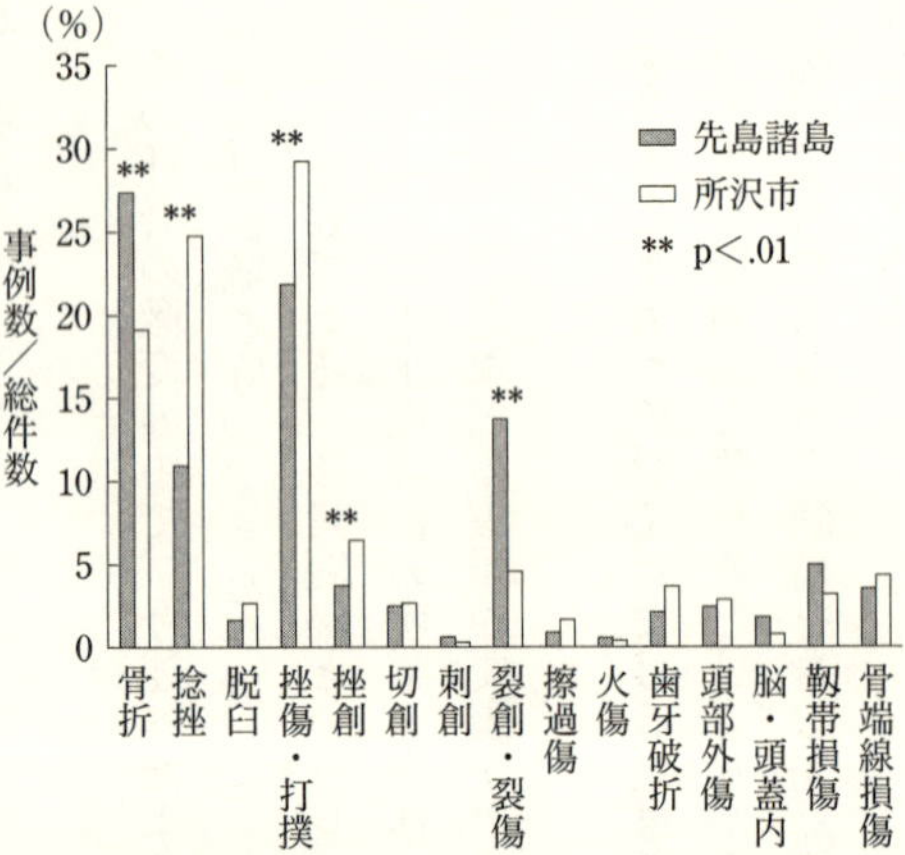

出典：根ヶ山 2020

図5-2　先島諸島と所沢における小学生の事故の種類

そのことを、災害報告書の記録によって調べたことがある（根ヶ山二〇二〇）。災害報告書とは、保育所・幼稚園・小学校・中学校の施設内、およびその付近で災害に遭ってケガをした時に、病院での治療費の還付目的で子どもの被災の日時・場所や内容を医師の診断書とともに自治体に提出するものである。施設内とその近辺の災害に限定された情報ではあるが、全国一律のフォーマットによる報告なので、子どもの災害の性や年齢差、地域差などを知る貴重な資料といえる。

多良間島では報告書の提出がほとんど皆無に近かった。そこで範囲を広げて、近隣の先島諸島で人口の多い石垣島と宮古島の実態を調べたところ、予想に反して先島諸島では関東（ここでは所沢市の数値）に比べて災害が有意に少なかった。多良間島の少なさもその一環であった。

医師の診断書からその災害の内容を具体的に調べてみると、関東で多かったのは捻挫や打撲など軽いケガであり、逆に骨折や裂創《れっそう》などの重篤なケガは先島諸島の方が多かった(図5－2)。つまり、所沢市の先生は軽傷の子どもでも病院に連れて行き、先島諸島の先生は軽傷では連れて行かないため、それが地域差を生み出していた。けっして先島諸島の子どもたちが全般的に事故に遭いにくかったわけではない。

また先島諸島の子どもがケガをするのは、休み時間に友だちとふざけ合うといった状況が多かった。つまり先島諸島の子どものケガの原因は、子どもの自由活発な活動・遊びといった社会性であって、軽傷であればそれを大らかに受け流すのが〝先島諸島流〟であった。他方、関東の都市部の子どもは体育の授業で誤って高いところから落ちるとか、モノにぶつかるなどして、一人で事故に遭っていることが多かった。このような先生の姿勢はおそらく、保護者の特徴にも重なっているであろう。

先島諸島では、軽いケガについては子ども自身の治癒力に任せていたことになる。それは子どものたくましさへの信頼感のあらわれである。実際に宮古島の保育所で、軽いケガで泣く園児に対して、保育士が「痛いの痛いの飛んでけ」と言って慰めている光景を目にしたことがある。そういう対応ぶりは、子どもの大らかさを育てることにつながっているであろう。守姉は、おとなのそういう許容的で大らかな視線の中で成立しているのである。それに対して都市部のおとなは、ちょっとしたケガでも子どもを病院に連れて行くなど、子どもに対し過保護とも考えられる接し方をしていた。それは、背後にある保護者の目を意識してのことであろう。

道路の整備や監視カメラの設置、登下校時の見守りなど、都市部は子どもを守るための仕組みやシステムが縦横にはりめぐらされている。もちろん、子どもの安全を確保するための取り組みは大切だが、そこには当然、限界もある。またそのような仕組みの存在そのものが、子どもにとっては「地域=恐い場所」という意識を抱かせる要素になっていたりするかもしれない。守っているはずなのに、結果的に恐れさせているというのは皮肉なことである。そうした限界を自覚し、むしろ、子ども自身の力に信頼を置き、そこから人間の関係性や社会環境のあり方を問い直すことの必要性を、先島諸島の事例は示しているのではないか。

守姉の衰退と父親の変化

守姉は、生態学的な条件の厳しい島の環境から生まれた子育てのスタイルであるが、それに類するアロマザリングとして、オバアやきょうだい(特に姉)による子育ても存在する。そして、それらによって母親の子育ての負担が軽減されている。担い手が女性側に偏っているというバイアスはみられるものの、その他の家族・地域のネットワークもそれを支え、その重層的で面的なサポートによるコソダテが、母子にほどよい隔たりを生んでいる。一言でいうならば、さまざまなアロマザリングが束になって、母親を子育てから緩やかに解放しているのである。

それに対し今日の都市部などでは、そのような家庭内外の共助的アロマザリング・システムが弱体化し、公助による保育制度、あるいは子どもの見守り器具や家事・育児の負担を軽減してくれる家電製品などがそれに取って代わっているといえる。戦前・戦中の多良間島では「ツーンマ」といって、他家の赤ん坊に母乳を飲ませてやるアロマザリングがごく普通に存在していたが、この風習も、敗戦後のアメリカ統治によって粉ミルクが普及し、その後一気に消失した。島の社会の土台となっている相互扶助の精神を支えるアロマザリングが、ここにきてなぜ衰退してきたのか。都市化という社会変化の中に、それと拮抗《きっこう》するものがはたしてあるのだろうか。

かつての多良間島の子育ての様子はどうだったのか、また守姉にはどのような変化がみられるのか。かつての島の生活について映画やビデオの記録があるわけでもなく、また日々の生活を事細かく記録した文書が残っているわけでもない。過去のことについては唯一、島の古老から体験を聞き出すことでしか再現できない。そこで先にも軽く触れてきたように、さまざまな年代の島民へのインタビューを行ったのである。

　このインタビューは多良間島で過去六〇〜七〇年間、子育ての様子がどのように変遷してきたかを、回答いただける範囲で、できるだけ年齢の高い方にうかがったものである。それを分析すると、島の子育ては、わずか半世紀余りの間に急速に様変わりしたことが実感される。まず井戸水と雨水頼みであったものが水道に替わり、ガスも完備された。夜はランプを使っていたがそれが電気となり、電話がつながり、テレビも観られるようになった。その他、空港が整備され、フェリーも就航し、製糖工場が建ち、家畜市場も開かれるようになった。

　すなわち本土復帰後の国の振興開発計画のおかげで、見る見るうちに島の様子が変貌していった。それは島の産業構造を変えた。生活水準が向上し、自家用車も爆発的に増加するなどした。インターネットが普及し通信販売なども広がり、もはや私たちが本土から島に入っても、贅沢さえ望まなければ、実感としてはあまり都会生活と変わらない。そうしたなかで保育所も新たに設置された。こういう変化にともない守姉が衰退していったのである。

　インタビューでは、自分が子ども時代に親などからどう育てられたか、自分が親となってどう子育てをした(している)か、自分の子どもが親となってどう孫育てした(している)か、三世代にまたがる島の子育てや家族の様子を尋ねた。

その結果、かつての両親、特に父親は畑での農作業や動物の世話が大変で、家庭での家事・育児にほとんど関わっておらず、母親も子どもの世話にかかりきりになるわけにはいかなかった。その代わりに守姉やオバア、姉などのきょうだいが子どもを世話しており、大きなジェンダー・バイアスがみられた。父親が子育てに不熱心であったとしても、それは家庭を維持するのに必要な労働のためであることを、子どもたちもよく承知しており、それをやむをえないこととして受けとめていた。そして守姉の家庭と守子の家庭、また近隣の家庭が緩やかにつながり、相互の家族が入り混じって擬似的な大家族を形成していた。

ところが、保育所が開設されたことや、島の二次産業化も手伝って、本土復帰後わずか半世紀の間に、農業中心の苛酷な肉体労働で生計を立てていた生活スタイルが変わって都市部のそれに近づいている。そして、それにともない、オバアや守姉が担っていたアロマザリングが急速に衰退した。それらを象徴することとして、家庭における夫婦の対等意識が急速に増大し、家事・育児の平等化が進んだ。

表5-1は、私がインタビューした三〇代から八〇代までの男女三九名について、その語りをもとに「本人の子ども時代に自分の父母が」「本人が結婚して子育てしていた時に自身が親として」「本人の子が結婚後親として」、それぞれ「父親が育児を分担しなかったか」「いくら

表5-1　さまざまな年齢層における父親の家事・育児分担

年齢	父親の分担	自分が子どもの時	自分自身の子育ての時	わが子の家庭
80代	ほぼ分担せず	5	5	1
	いくらか分担	0	0	1
	ほぼ対等に分担	0	0	2
70代	ほぼ分担せず	6	4	0
	いくらか分担	0	0	2
	ほぼ対等に分担	0	0	2
60代	ほぼ分担せず	9	8	1
	いくらか分担	0	2	1
	ほぼ対等に分担	2	1	5
50代	ほぼ分担せず	4	1	0
	いくらか分担	0	3	0
	ほぼ対等に分担	0	0	1
40代	ほぼ分担せず	6	3	
	いくらか分担	0	3	
	ほぼ対等に分担	2	1	
30代	ほぼ分担せず	3	1	
	いくらか分担	1	2	
	ほぼ対等に分担	1	1	

調査数 39
注：網掛けした部分は保育所がある状況下で子育てを行った世代であることを示す.
出典：著者による調査

か分担したか」「ほぼ対等に分担したか」の三段階に分類し、それに該当する回答者の人数を示したものである(子どもが生まれなかったなどで数値には一部欠落あり)。網掛け部分は保育所設置以降に子育てを行った世代である。たとえばインタビュー時点で六〇代後半であった世代は、本土復帰にともない保育所が設置された一九七九年当時二五歳前後の子育て期を迎えていた。

分析の結果、本土復帰までは家庭の家事・育児は、母親を中心としてオバアや子どもたちでほぼ完全にカバーされていて、父親はほとんどそれに参加していなかったことがわかる。だがその後、父親の参与が増えて夫婦平等化が急速に進んだ。それまで子育てに関して蚊帳の外だった父親が、本土復帰後の保育所設置あたりを境にして、母親などと育児を分担するように変化していたのである。

以下に紹介するのはまさにその移行期に子育てをした女性(六〇代)がインタビューで、家事・育児に非協力的だった自分の夫と、現在、妻と平等に分担している息子を比べて、島の父親の変化をしみじみと語ってくれたものである。

「おうちの中で食事をつくる、そういったことするのがお母さんの役目みたいなことが私たちの世代にはありましたから。今の話、息子に子どもがいるんですけど、見てたら本当に子どもに対してもう当たり前に家事・育児すべて夫婦一緒にやるような感じですので、これが子育てだよなんて、息子たちの子育てを見てなんか安心してます。大変な思いこっちはしたよねって。夫はそういうことはもう私に任せっぱなしに近い。働くのみでしたね。働かないと生活が成り立たないし、みたいなのもあって」

3　島の水平的対人関係

前述のように守姉は少なくなってきており、島の子育てのあり方も変わってきている。若い世代の語りに限れば、多良間島でも核家族化が進み、男性が家庭で家事・育児を妻と分担する姿が急増している。しかし、島の人々の対人関係がすべて都市型に切り替わったかというと、そうではない。人同士の信頼にもとづいた島の社会的なネットワークは依然として息づいている。そのことは、都市部における子育ての困難さを解決するための一つのヒントになるのではないだろうか。

島全体で子どもを見守る

少女が幼い子をケアするという守姉の仕組みの背後には、島の人や社会の重層的なネットワークがある。それを可能にしているのは、島における水平的な人間関係である。島の人たちが日常的に触れ合い、お互い様という意識をもって、助け合いながら生きる。そうした信頼のネットワークの中で、母親は子どもの世話を他者に安心して委ねることができている。

島の人口が最近減っているとはいえ、ダイビングなどで島外から多良間島に来て島の男性と出会い、結婚して子育てをしている女性が相当数いる。その人たちに多良間島での子育ての感想を尋ねると、異口同音に「島での子育ては皆の見守りがあるのでとてもありがたい」という。これは守姉以外にも、島民全体が子どもや子育てに対してあたたかい目をもっていることを示唆している。

こうした人々の助け合いの意識は、先ほども述べた地域の互助システムのゆえであろう。これは島の神事や祭りなどの伝統行事を、皆で絶やさず伝えていこうとする熱心な姿勢にも表れている。

島の男性はよく集まって行事の打ち合わせなどを行うが、そのような集会の後には「オトーリ」と呼ばれるこのあたり独特の車座スタイルの酒宴が頻繁にもたれる。上座も下座もなく、その場にいる人のほとんど全員が次々と平等に「親」となって口上を述べ、そのつど全参会者に泡盛《あわもり》をついで回って杯を交わす。そのため島には、オトーリ用の特別な小ぶりのコップがある。私のようなよそ者も、そういった輪によく加えていただいた。

また島には「模合《もあい》」と呼ばれる沖縄独特の相互扶助の仕組みがある。仲間でグループを組み、メンバーが月々一定額を積み立てていく。そして積立金を受け取る人を順に交代していくことで、全員が平等にその恩恵に浴することになる。それを資金にして宴を開いたり、メンバー内でまとまった現金が必要な人が出たらそこから捻出したりする。子どもたちはこういう水平性の強いおとな文化の中で、島のどこに行っても皆から見守りを受ける。

子どもも昼夜にかかわらず、おとなの行事の周辺にいることが許容される。おとな同士が水平的なだけではなく、子どもとおとなの間も水平的なのである。そして、そこで泡盛を酌み交わすおとなの姿を自然に学習する。高校入試の合格発表がある日に、合格した子どもの家々を島中の人が回って子どもと親を祝福し、親も精一杯ごちそうと酒を用意して、その訪問者を歓待する習わしが島にある。このことも多良間島の子どもとおとなの近さを示す例であろう。

乏しさは豊かさ

母親の手から年端もいかない少女の手に幼子を委ねることは、危ういことと思われるかもしれない。しかし、実際には少女といえども上手に守子の世話をし、守子も寂しがらないどころか守姉になつき、むしろ守姉の子どもグループの中で楽しそうにしている。子どもは島の人たちの信頼感に見守られながら、一人で登下校したり通院したりなど、のびのびたくましく育っていき、また家事や農作業など親の手伝いをしたりして、おとな社会とも大らかにつながっていく。そういうことのすべてが多良間島のコソダテの豊かさを物語っている。

昭和時代に活躍した写真家・土門拳の写真集には、一九五〇年代から六〇年代の関東地方や筑豊などの、生き生きとした子どもや子育ての写真がたくさん掲載されている。子どもが幼な子をおぶって遊ぶ様子など、彼のカメラに写った子どもたちの姿は多良間島で見られている風景によく似ている。そのように本土の都市部でもわずか半世紀前には、多良間島の子育てとよく似た光景が見られていたのである。またそれは、私自身の脳裏に刻まれている、子ども時代の自分たちでもある。

多良間島は経済的には恵まれているとはいえない地域だし、島の人々は人頭税に長年さいなまれた歴史ももっている。一方、それ故にこそ人々が助け合いながら生きていて、それが多良間島の人々の緊密なソーシャル・ネットワークを培ってきたという側面もある。私はそれを「乏しさは豊かさである」と表現した(根ヶ山 二〇一二)。もちろん、厳しい生活環境の中では、生存のために人が助け合うことが必須であったろう。しかし、島の生活が楽になった今でも、その基本構造はそんなに簡単には変わっていない。

都市部の生活では、便利さが加速度的に増大している。ただし、その方向性は、ともすると人と人とがコミュニケーションをとらずに済む方向へと進んでいないだろうか。モノを購入する際にも自動販売機やインターネットを利用し、人を介さず簡単に済ませてしまう。料理をして食べる場合も、家族で協力したり、食卓を囲むなどということも減っている。モノの豊かさがヒトの豊かさを崩していく。

こうした環境は、一人で生活するうえでは便利で楽なのかもしれないが、そういう生活に慣れてしまうと、だんだん人とのつき合いや交渉が面倒くさくなる。契約による権利・義務関係の公助的な関わりが増えて、身体性をもった他者との共助的な関係性、あるいは人間としての他者への思いやりや共感力などは痩せ細るばかりである。こうしたことは、子どもに対するおとなや社会の対応にも大きな影響を与えることになるのではないか。

身体はそれ自体コミュニケーションの一つの媒体である。身体が求める声に従うことによって、ヒトはコミュニケーションを充足させてきた。その最たるものの一つが母子の関係であろう。そのことを自覚すれば、都会生活における脱身体化や孤立化は、子育ての困難さを招く一因となっているかもしれないと思えてくる。

　多良間島でのフィールド研究は、生活の長い時間の中で、異なる場面を自由に渡り歩き、さまざまなヒトやモノに出会って交流する子どもの姿をとらえた。母子関係や父子関係、家族関係、モノ、近隣、家のしつらえ、仕事、家事・育児、保育・教育、自然等々さまざまな要素が、切り離されず混ざり合うなかで子どもを見ることから、コソダテの視点を得てきた。土着の民間伝承型のアロマザリングである守姉は、文化人類学的にみて共助をふまえたヒトのコソダテの基本型であると推察され、そこには動物行動学的なベースがあると思われた。

　かたや守姉の変貌・衰退は保育所や学校教育といった公的な制度のあり方と不可分に結びついており、その制度はまた背後にある産業構造や夫婦・家族・生活スタイルとも関連するものであった。それは一人ひとりの親と子ども、それを包む家族・親族の価値観を規定し、守姉を含む個々の子育ての変化として体現されていた。多良間島におけるそれらの変化は、日本や世界の都市化と、それを背景にした社会の価値観の変化が、子育てに何をもたらすのかを理解する鍵である。

　多良間島という離島は、子どものたくましさ、地域の広がりと母子の遠心性の大切さなど、ヒトの子育てのプロトタイプを示唆するとともに、それらが社会経済のあり方と不可分に結びついて、柔軟に変容する側面ももち合わせていることを教えてくれた。この洋上に浮かぶ小さな世界から見える光景を、これからもしっかりと見つめていく必要がある。

第6章

「ほどほど」の親子関係へ

——抱え込まない子育て

個の自律性を求め、母子が離れつつ子を保護するというアンビバレントな性質は、子育てを困難なものにする大きな要因であった。その困難を軽減する術は、親が「子育てを自分一人で抱え込まない」ことである。それを実現するには具体的にどうすればよいか。そのヒントを本書の最後にいくつか考えてみたい。

1 子どもと力を合わせる

ともすると、衝突がなくて円満な関係であることが親子の理想のように思われる。しかし、忙しい日常生活の中で、親と子それぞれに、同時に達成することが難しい複数の願いや課題がある。また家族が、限られた家庭という空間の中で同居する以上、衝突がないことを期待するのは非現実的であり、逆にストレスのもとである。

親子間には矛盾や対立がつきもので、むしろそのような遠心性があるからこそ調整が活性化されて、親子や家族の関係が新たに安定化する。けっして母親一人が孤軍奮闘するのではなく、親と子、親子と家族、家族と周囲とが求心性と遠心性をダイナミックに調整し合うこと、つまり、広がりの中の絶え間ない共調整こそがコソダテの実体である。そして子どもの強さがそれを支えている。

子どもの強さが遠心性を生む

親にとってわが子は、このうえなくかわいい存在である。また子どもも、自分に保護を与え、生存を支えてくれる存在として親に愛着を示す。しかし親には、子育て以外にもやるべきことがあるため、子どもの求めるままに自分の資源をすべて注ぎ尽くすことはできない。個としての自律のためにも資源は必要である。互いが向け合う愛情は、絶対的でなく相対的なものである。

子どもの親に対するアタッチメントや親の子に対するボンディング(「愛しい」などの情緒的な絆)は、求心性に根ざした理論である。第3章で紹介した「安心感の輪」(八八ページ参照)において、保護者から遠ざかる時の子どもの心は、「見守っていて」「すごいと言って」など、保護者への求心性として表現されている。しかしその場面において子どもには、保護者を求める志向性だけではなく、外の世界の魅力に引き寄せられる遠心性も同時に存在する。保護者から遠ざかるということはむしろ、子どもの中で求心性よりも遠心性の方が勝っている状況のはずである。

また母親も、子どもを手放すのは、子どもが離れることをよしとするからに違いない。場合によっては積極的に分離を期待し、わざと子どもの好きなモノを遠くに置いて、それへの接近を子どもに促すこともあるかもしれない。逆に、危険なモノに子どもが近づこうとしたら、子どもが離れるのを強く阻止しようとするだろう。

子どもの育ちにとって、アタッチメントによる安心と遊びによる挑戦の循環が大切であるといわれる。しかしそれは、このように養育者の子どもを離そうという心理と、子どもが養育者から離れようという心理が出会うことで、初めて実現可能となる。両者の基底に相手から分離する力があるからこそ、逆にアタッチメントの必要性が唱えられる。

第2章でも触れたとおり、子どもは弱強い存在である。子どもがただ弱い存在だとすれば、ヒトの赤ん坊ほど弱い生き物はないように見える。生まれてしばらくは移動もできず横たわったままである。柔肌が露出していて、冷気と衝撃に弱く体力もない。ただ眠り、空腹になると泣く。自分で食べ物を探し出すことも、母親にしがみつくこともできない。新生児の時期は、まさに「赤子の手をひねる」という表現通り、親のなすがままのように見える。

しかし見かけのひ弱さだけで、ヒトの子どもをそうした弱い存在と決めつけてはいけない。そういう弱さの側面と同時に、おとなを手こずらせ、ほとほと困らせる強さの側面も同居する。受け身でおとなからの保護を享受するだけではなく、自らおとなに対して主張し、意に沿わなければ拒否もする。おとながよかれと思って差し伸べる手を振りほどいて自分のしたいようにしようとする。おとなの規制に対してわざと抵抗したり、おとなに要求を突きつけたりもする。そういう時には泣きが武器として使われる。子どもはそういった弱さと強さを場合に応じて使い分ける、したたかな存在である。

親を動かす子どもの力を見抜く

食事、睡眠、排泄、清潔、着脱衣に関わる基本的な生活習慣は子どもの自律に直結し、その獲得時には子どもの「したい(したくない)」と親の「すべき(すべきでない)」が衝突しがちである。親が主体的に状況をよく見極めないと、子どもに翻弄されることになりかねない。イヤイヤ期の子どもの強情さは親の子育てに困難感をもたらす一つの要素であり、それをコントロールするには、子どもに寄り添うばかりでなく適切な距離を取り、子どもを我慢させることも不可欠である。

親から資源を引き出す子どもの能力は、二次的就巣性のヒトの子どもにとって必要なものである。親を呼び寄せる泣きは子どもの非力さの表れであるが、それによって親が否応なく操縦されるということは子どもの強さでもある。「泣く子と地頭には勝てない」のである。泣きと微笑みという行動は、移動できない子どもが親を呼び寄せ、つなぎ止めておくという遠隔操縦のための武器である。

しかも子どもの強さは、明らかにそれとわかるものばかりではない。たとえば、親に叱られそうになった子どもが、とっさに「うんち！」などと叫んで親の注意をそらせ、親をひるませようとすることがある。そういう子どもの行動は場面の文脈を外れて突然あらわれ、有無を言わさぬ力で親に対応を迫ることになる。親は叱ることを保留し、その行動に引っ張られ、慌ててトイレに連れて行ったりするという反応が引き出されてしまう。

あるいは突然子どもがおどけて、叱ろうとしていた親がはぐらかされ、怒りが苦笑に変わったりするようなこともある。また子どもがヒョイと首をかしげるなど、そのかわいい仕草には、瞬時におとなの目尻を下げさせる力がある。

子どもはそういったインパクトのある行動を用いて、一瞬でその場の空気を支配する。子どもはおそらく、それらの行動が、親の行動の切り替えスイッチとして絶大な効力をもつことを心得ている。これはあなどることのできない、子どものしたたかさである。ちなみに、その愛らしい姿形自体が、すでに親にとっては抗しがたい魅力となっており、それも赤ん坊に生物学的に備わった強さといえる。

チャイルドドリブの子育てをめざす

ヒトはいまや地球上に約八〇億人おり、とどまるところを知らない繁殖力である。それを支えている一因が、ヒトの赤ん坊におけるこうしたたくましさと、複数の未熟な子どもを同時に抱えて育てるおとなのたくましさであることを忘れてはならない。

第1章で、ヒトは出産間隔が短く、複数の子どもを並行して育てる霊長類であると指摘した。それは子どもの周りにきょうだいがたくさんいて、同胞の間で親の資源の争奪戦が繰り広げられることを意味する。昔は子どもの数が多く、親自身も生活で大変なため、複数の子どもからの要求に親はいちいち応じていられなかった。要求しても必ずしも応じてはくれない親に対して、子どもはしつこく要求し続けるという主張性をもっている。それは彼らの強さの源であり、生存上必要であったたくましさである。

ところが、現在は少子社会である。少子化は親と子どもの間の資源移動のあり方を大きく変えてしまった。親は生活に余裕ができ、特定少数の子どもにかかりきることができるため、子どもの要求に対して資源提供しやすい。子どももきょうだい間で競う必要がないため、親への要求に集中することができる。かつては子どもからの要求に対する親の対応は限定的であったのに、今は要求すれば子どもは高い確率で目的の資源を親から得ることができる。またそういう成功体験が、子どもをますます要求的にする。

糖分や塩分は、かつてはたまにわずかしか入手できない貴重なものであった。その獲得のためには相当の努力をしなければならず、それによって摂取量と消費量のバランスが自然に適正なレベルに保たれていた。ところが今は、砂糖や食塩が労せずして多量に入手できるようになったために摂取過剰となり、運動不足も重なって肥満や糖尿病、高血圧などの生活習慣病に苦しむ飽食の現代人が増えた。

親からの世話の授受もそれと同様で、子どもによる要求のための努力量と、親による供給量とのバランスが崩れ、少人数の子どもからの求めに、親が容易に応じることができるようになった。その結果として、子どもが受け取る世話の量が、適正レベルを超えて過剰になりがちとなった。しかも今の社会は、親にできるだけ子どもの要求に応えよと促す。親の子どもへの愛情にもとづく「応答性」や「受容性」には、知らず知らずの間に子どもに資源を過剰供給してしまう危うさが潜んでいる。

　自分一人では生きられないという子どもの状態は、たとえは悪いが寄生虫にも似ている。宿主を必要とするという意味では弱いが、しかし宿主から確実に栄養をもらえるように進化・適応しているという強さももっている。宿主が死んでしまっては元も子もないし、宿主から徹底的に排除されることがないように、宿主と絶妙なバランスを保つ。親子の場合は遺伝子を残すという共通のメリットがあるため、その相互調整は相利共生である。

　子どもは親を信頼して求めつつ、自立するためには親が離してくれることを内心待ってもいる。また、親もそれによって、子育て以外のことに取り組むことができるようになるため、世話しながらも子どもが離れてくれることを期待して待っている。個々の親子はそのような遠心性を通じて、自分たちのほどよい距離の落としどころを探り合い、それぞれの親子関係なりの折り合いのつけ方を見出していく。

　子育ての中で、親の主体性が尊重されるべきであることはいうまでもないが、それと同様に子どもの主体性も尊重されなければならない。そのような子どもがもつ主体性を正しく認識し、尊重することを、私はウーマンリブをもじって「チャイルドリブ」と呼ぶことにしている。チャイルドリブの子育てにおいては、自分の要求を主張する強さが親子双方に求められるとともに、相手にも自分と同様に尊重すべき主体性のあることが感得される。それを教えてくれるのが、衝突や反発性など、抑制のかかった適切な親子間の遠心性なのである。

子どもが示す抵抗を頭ごなしに叱りつけて排除しようとするのではなく、それを生み出す子どもの主体性を尊重し、その力を活かしながら、第3章でみた楕円モデル(八九ページの図3-3)に則って、親子で調整し合うことが必要である。そのためには、普段から親子間に、愛情に裏打ちされた信頼関係が形成されていなくてはならない。

身体の威力を活かす

ヒトが日常生活において主に依拠するのは視聴覚であり、これらは離れたところに存在するヒトやモノをとらえる感覚である。嗅覚も同じく遠感覚であるが、ヒトにとっては視聴覚に比して、一般にマイナーな役割である。他方、触覚もまた大切な感覚であり、身体が接することによってヒトやモノをとらえる近感覚である。接触は送り手の全身どこからでも送ることができ、受け手の全身のどこででも受け取れる。この視聴覚や嗅覚にはない独自な特徴のために、身体接触は多彩なコミュニケーションの舞台となる。

身体は、掌や顔面のように「外に向かう」部位と、後頭部や背中のように「外から関わられる」部位に二分される（佐々木 一九八七）。また古代中国の思想でも、身体は陰・陽という二つの相反する性質に分けられるとされる。虐待と無害化された攻撃では、異なる身体部位がその対象となり、行動パターンも異なる。またソーシャル・タッチと呼ばれる親和的な接触には、特別な神経がそこに関わっている（Field 2019）。

普段よく触られる身体部位は、相手が親子か、友人か、異性関係かで異なっており、ハグやキスなどに象徴されるように、文化による違いも大きい。つまり愛憎という情動の両極で身体接触が用いられ、しかもその意味の取り違えが生じないように、異なる身体部位と行動がそれらにあてがわれている。

身体接触における最大の特徴は、自分が相手に触れれば、同時に自分も相手から同じ強さで触れられているという「ダブル・タッチ」の体験である。対人関係においては、ことさら「触れ合う」といわずとも、相手のからだに触れれば、必ず同時に相手のからだから触れられており、それはすなわち触れ合うことなのだ。タッチの接触感覚が愛憎の伝達に用いられるのは、遠感覚である視聴覚と違って、それがプライベートな体験として当事者同士の間で限定的に共有され、他には直接及ばないことが理由として大きい。そのうえ、相手の特定の身体ゾーンを標的にしてなされるタッチは、それが引き起こす相手の身体感覚を送り手も、自分の過去の身体体験をふまえて共感することができる。

　列挙したこれらの特徴は、親子に強い結びつきの気分を生み出すが、不良な関係だと接触が逆に嫌悪をもたらす。接触を利用したくすぐり遊びは、「くすぐったさ」という激しい情動をともなう不思議な皮膚感覚を生み、親子間に強い楽しさと結びつきの気分を生む。その感覚は自分一人ではつくり出せず、親しい他者によるタッチからのみそれが発生する。くすぐり遊びは、くすぐり手がツボとなる身体部位を選び、自分の身体感覚をそこに重ねつつ、相手の心の状態と変化を時々刻々読んで行われる。このように、くすぐったさとは親しい他者との間でしか成立しない高次の社会的情動で、関係の親密度の試金石ともなる。

　くすぐりに鋭く指を突き立て食い込ませる攻撃成分があるのと同じく、「高い高い」や追いかけっこ遊びにも相手を怖がらせる要素が含まれる。そこにある共通の要素は、身体にリスクを与えることで生じるスリルが、遊びの楽しさを生むということだ。その楽しさは絶妙なバランスの上に成り立つもので、少しでも恐怖が強すぎたり刺激が弱すぎたりすると、楽しさは消失する。

　子どもが眠たい時に、抱いて緩やかに横揺すりし、背中をゆっくりトントンすると寝入りやすいとか、泣く子どもを抱いて素早く縦揺すりすると泣き止むことを、私たちは経験的に知っている。それぞれの状況にはそれに適した身体刺激の方向とテンポと強度があり、身体はその敏感なセンサーである。また、相手はそれを適切な行動パターンと身体部位によって、相手の適切な身体部位に「同期」して送る。それによってコミュニケーションが成立するのである。揺りかごやバウンサーは、身体がつくるそのようなテンポと似た動きを人工的に発生させる育児具である。

握手を想起すればわかることだが、二人が合意の上で身体を出会わせるためには、二人の間で行動の軌跡を正確に予知し、そのコンタクトのタイミングと場所をピタリと一致させなくてはならない。それに加えて握手では、互いに握り合ったその手を同じテンポで上下に揺すり合う。それは相互作用の同期であり、そのためには双方の意図の読み合いと行動の調整が必要である。同期性には当事者の親密感を高める効果が認められる(Feldman 2003)。このように、タッチなど身体を介したやりとりは、乳児とその親にとって、結びつきを強めるための極めて重要なコミュニケーションツールとなっているのである。

アメリカの文化人類学者E・T・ホールは、著書『かくれた次元』(Hall 1966)の中で、個体間の相互作用のあり方がその身体間距離に規定されることに注目して「プロクセミックス」を唱えた。プロクセミックスとは Proximity(近接)の学問という意味である。ヒトには出会う二者の身体の関係性の違いに応じて、密接距離(約〇・五メートル以内)、個体距離(約一・二メートル以内)、社会距離(約三・六メートル以内)、公共距離(それ以上)という四種類の距離帯があり、そのそれぞれにおいて質の異なる相互作用がなされるとする。それは私たちのコミュニケーションを支配している重要な枠組みだが、日常生活でこのような身体ルールの存在が意識されることはほとんどなく、それゆえに「かくれた」次元なのだ。おとな同士だけでなく、親子にもそれは存在する。

特に身体が相手に直接到達できる空間は「パーソナル・スペース」と呼ばれ、特別の意味があるとされる。抱きと摂乳はいずれも身体接触をともなっており、母子がその空間で行う行動である。第2章でみたとおり、それらは母子の求心性と遠心性がせめぎ合う重要な駆け引きであった。この「くっつく、離れる」というやりとりは強い動機づけをともなう行動である。だからこそ親を悩ませることにもなるが、ここで述べてきたようなタッチの独自な特徴を知ることによって、その制御も可能となる。それは、相手との良好な関係を取り結ぶ有効な手段となるであろう。また、パーソナル・スペース内で、あたかも接触しているかのような「そばにいる」距離(近傍性)にも独自の重要性がある。接触をはじめとする身体性の力を正しくふまえることが大切である。

2　ヒトとモノのアロマザリングをうまく活用する

第1章で述べたとおり、ヒトにおいては協力的育児が顕著で、複数の家族メンバーが子どもに関わる。なかでも父親は、母親が子育てを抱え込まなくするうえで重要であるが、それと同時に生物学的に複雑な事情をもつアロマザーでもあった。またモノにアロマザリング機能を付与して、母親の子育てを補佐するということも、ヒトの子育ての大きな独自性である。ここで改めてその二つの問題に注目し、それをうまく活用することが、子育てを抱え込まないためにいかに大切かを述べる。

日本の父親の特徴を把握する

妊娠と母乳哺育は哺乳類の雌が、自分のからだで担う育児機能である。それらは、次の妊娠出産と拮抗する。ところが、父親にはそうした身体的制約がなく、その分だけ母親よりも多くの子どもの親になりえるが、他方で、個々の子どもへの世話には熱心といえない。

夜間の就寝時に、子どもは母親の授乳を求め、母親も子どものそばにいようとする。言いかえると共寝の傾向が強い。第2章で述べたとおり共寝か別寝かには文化差が大きく、アジア・アフリカは前者のタイプを反映している。日本でも、母親は夜間子どもといっしょに寝ようとするが、父親は離れようとする傾向がある。一方、西欧は後者のタイプを反映しており、夜間は母子よりも夫婦が近い。そのため、国際結婚したカップルの間では、夜間の就寝形態が摩擦の原因となることもある。

一九七九年に『クレイマー、クレイマー』という映画が公開されて話題となった。ダスティン・ホフマン扮する子持ちの猛烈社員が妻に出ていかれて一人親となり、男手一つで子育てに奮闘して徐々に子どもへの愛情に目覚めていく様子が描かれていた。また厚生省(当時)が、日本の男性が子育てに熱心でないことを問題視し、「育児をしない男を、父とは呼ばない。」というキャンペーンを展開して話題になったのは一九九九年のことであった。最近でもイケメンをもじった「イクメン」という言葉が生まれ、厚労省のイクメンプロジェクトも発足するなどして、二〇一〇年の流行語大賞にも選ばれた。

このように繰り返しキャンペーンがはられてきたことは、言いかえるとわが国の父親が子育てにあまり熱心でないことの証である。裏を返せば、その負担が母親に過重にのしかかっている。最近は街でも子どもを抱っこして運ぶ父親の姿を普通に見かけるようになったし、保育所

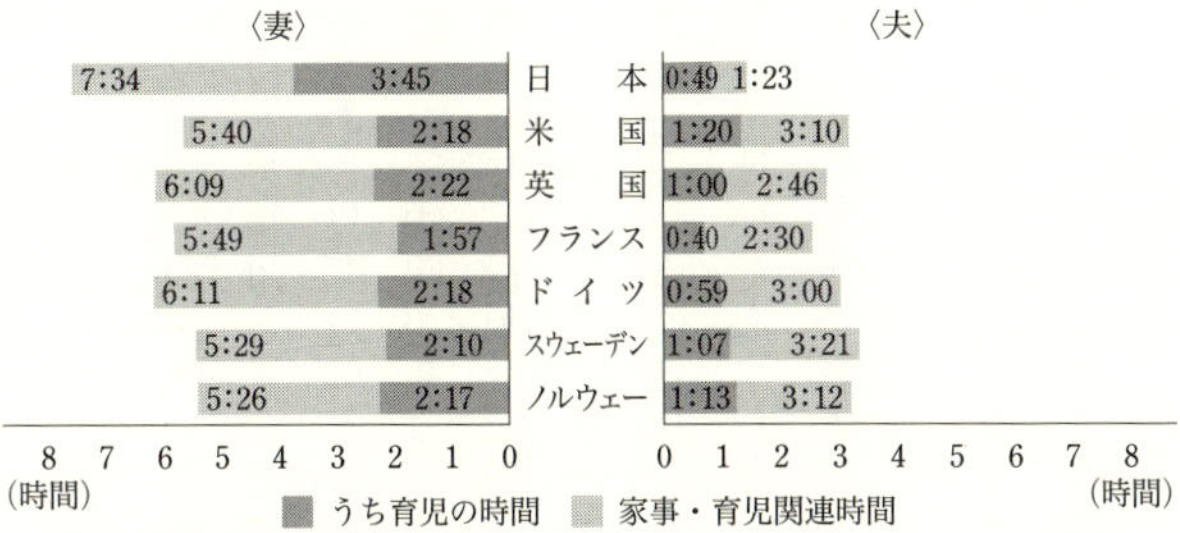

注1：総務省「社会生活基本調査」(2016年), Bureau of Labor Statistics of the U. S. "American Time Use Survey"(2016), Eurostat "How Europeans Spend Their Time Everyday Life of Women and Men"(2004)より作成．

注2：日本の数値は，「夫婦と子供の世帯」に限定した妻・夫の1日当たりの「家事」，「介護・看護」，「育児」及び「買い物」の合計時間(週全体)．

出典：内閣府『男女共同参画白書　平成30年版』2018年

図6－1　6歳未満の子どもをもつ夫婦の家事・育児関連時間（週平均1日当たりの国際比較）

の送迎を父親が受け持つ光景も珍しくはなくなった。だが、それでも西欧の父親と比べると、残念ながら今もって日本の父親の家事・育児における一般的な不熱心さは、かつてと大して変わらない（図6－1）。

また最近では、たとえばトイレットペーパーを取り替えたり、郵便物を郵便受けから取ってくるなど、何気ない日常的行為（「見えない家事」）の中にもぐり込んでいる男女間の落差が問題とされている。いわば無意識の男女差別であり、そういったことが積もり積もって夫婦の不平等をもたらしている。意識にのぼる明白な差別だけでなく、このような傾向も含めて根底から変えないと、母親が子育てに苦しむ状況は改善されないだろう。ただし、前にも述べたようにこの問題には個人差が大きいし、また子育て以外の活動も視野に入れて、包括的に考えなければならない。

父親にアロマザーとしての自覚を促す

母方の祖母と子どものきょうだい(特に姉)は家族アロマザリングの代表的な例であるが、かつての多良間島にみられていたように、父親は生業に従事する場合、子育てにあまり熱心に関わらない傾向がある。父親性には、優しく子どもの養育に関わることと、たくましく外敵に向かったり、資源を獲得してくることという二つの側面があり、それは両立し難いとされてきた。とはいえ多良間島の母親は、夫とともに畑に出て、そのうえに家事・育児の役割もあるので、実は二重の負荷となっており、祖母や子どもがその家事・育児をさらに支えていた。やはり男性優位社会であったといわざるをえない。すでに触れたとおり、それはかつて、よき家庭人としてよりも企業戦士として外で戦って、家族を養おうとした日本の男性の姿と重なるものである。

心理学者の柏木惠子は、世の子持ちの男性が単に父親になるということを超えて、「父親をする」ことの大切さを訴えている(柏木 二〇一一)。つまり、子どもができれば、男性は自動的に父親になるが、しかし子育てをしなければ、父親をすることにはならない。子どもに関わる経験を通じて父親にオキシトシンの分泌が促され（Morris et al 2021）、子育て行動が解発されるともいわれる。また父親の養護性は、子どもと関わることで発達するという脳科学の報告もある（Abraham et al. 2014）。どうやら父親の養護性は、子どもを前にすれば自然と湧き上がってくるというよりも、子どもに関わることを通じて引き出されるところが大きいもののようである。

第4章での議論からも確認できるように、父親の関与は「有か無か」という二値的議論に還元すべきものではなく、社会や時代、個人間の違いでグラデーションがかかったものである。そのことは言いかえると、社会の情勢と個々人の努力で父親の子どもへの養育は変わりうるし、またそうでなくてはならないということを意味している。

今と違ってかつては地域の近隣ネットワークが発達していたし、祖父母も同居・近居していた。また子だくさんで、きょうだいも多かった。そのため父親が必ずしも子育てに関与しなくてもすんだという事情があった。しかも生計を維持するために、父親としては子育て以外の体力の消耗が厳しい労働に従事する必要もそれなりにあった。そして家族も社会もそのことを、職住接近の生活の中で理解し、受けとめていた。

しかしいまや隣近所の助け合いは乏しくなり、祖父母は同居せず遠方に居住し、少子化できょうだいも少なくなってきている。そのため、安定的に子どもに関わることができるアロマザリングの担い手が不足している。平日の昼間ならば保育所に預けるということも可能であるが、夜間や休日の家庭には、もはや父親以外に安定して子育てを母親とシェアできる家族がいないという家庭も多くなってきた。

このように、核家族の家庭で、母親が唯一信頼して子どもを任せることのできるアロマザーとして、父親の役割の重要性はかつてないほど強まっている。しかも父親は、昔のように朝から晩まで仕事漬けということもなくなり、また体力に依存した仕事も総体としては減ってきている。そういうことをふまえれば、今日、父親による育児と家事への参加要請は必然なのである。

ヒトはこのような状況の変化から、二次的に男女の対称性を強め、父親が養護性を高めた種である。繰り返しいうように、父親には子どもの世話と資源確保・防衛の役割があるが、母親も外で仕事をすることが珍しくなくなった今、父親には育児分担者の役割への期待がより大きくなり、かつて非対称性の強かった男女が対等に子育てすることも増えているのである。

父親を子育てに巻き込む

動物行動学をふまえると、男性の身体には乳腺や子宮などの子育て機能がなく、もともと男女対等に養護性が備わっているとすることにはためらいがある。家庭外で労働に励み家庭を支える父親にとって、子育てについての怠慢を非難されるのは辛いかもしれない。むしろ対外的な役割のため子育てにハンディを負いながらも、核家族の中で他に替えがたいアロマザーとして努力する姿を評価し応援する、というのが父親を子育てに巻き込む極意ではなかろうか。

すでに第5章でみたように、かつて男性優位社会であった多良間島にも、家庭において男女平等の波が確実に押し寄せている。それは、父親の養護性が比較的柔軟に変わりうるものであることを示唆している。父親には、核家族において自分の置かれた、他に替えがたい重要なアロマザーとしての役割を自覚し、母親の育児に協力することが求められる。それは家庭において母親との関係の中で相互調整されるべきもので、逆にこの相互調整が不調だと、母親における子育ての困難感が一気に大きくなる。

育児に対する配偶者との役割分担に関しては、男女ともに今日、圧倒的多数が相手と半分ずつ分担することを望んでいるという調査結果が得られている(図6-2)。これを建前論とみずに社会の気運の高まりであり、当事者である男性の本音であると頼もしく受けとめたい。

前述のように、父親には、子どもとの触れ合いによって、子どもへの志向性が喚起されるところがある。したがって、父親が「父親をする」ようになるコツは、いきなり多大な要求をせ

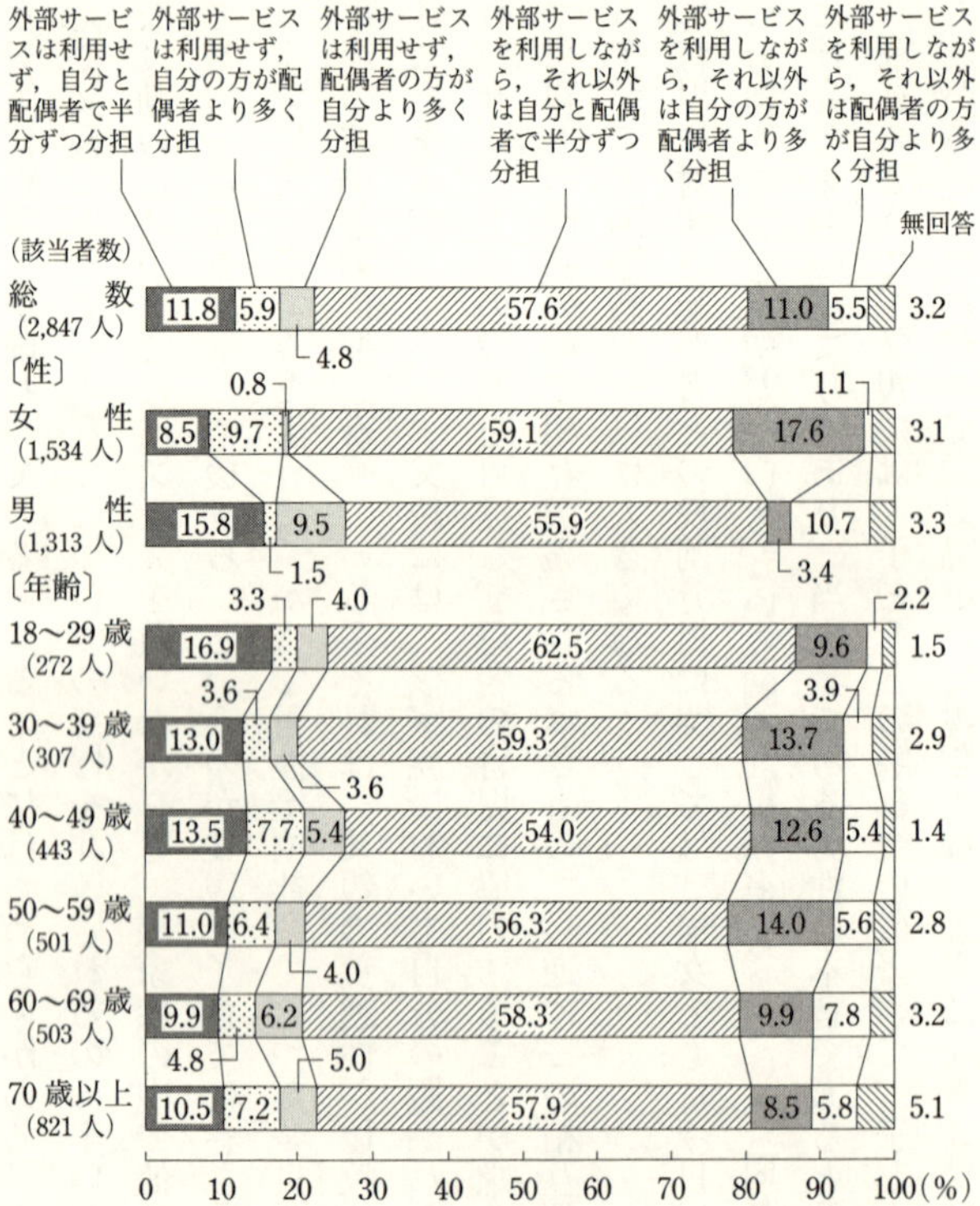

調査数 2,847
出典：内閣府「男女共同参画社会に関する世論調査」(2022 年 11 月調査)

図６-２　育児に対する配偶者との役割分担についての希望

ず、それとなく「父親をする」気になるようにさりげなく、徐々に導くことである。一緒に遊んだり、お風呂に入れたり、おむつを替えたりなどは、子育てにあまり積極的に関わらない父親でも比較的引き受けやすい行動とされる。そして子どもがある程度大きくなると、身体を激しく動かす遊びの楽しさが父親を積極的な関わりへと導く。

まず、それを通じて父親が子どもに楽しく触れる機会を与えることから始めよう。次にそこで満足せず、その成功体験をふまえて子育てに徐々に引き込んで、積極的な関与を増やしていくことが有効であろう。父親における子どもの身体産生物への不快感は、育児の経験を積むことで軽減する可能性があることについて先に触れたが、それは「父親をする」ことで養護性が高まるもう一つの例である。言いかえれば、ケアを求める子ども自身の能動的な身体性の中に、父親を変える力が宿っているということであろう。子どものかわいらしさとタッチの心地よさは、そのきっかけとして最たるものである。

父親は、核家族化や男女の機会均等化などによって、子どものケアに母親と対称形の関与を強めてきた。ただし、父親が外での稼ぎ手としての役割もフルに担いつつ子育てにも全力投球するのは、父親にとって過重負担となり長続きしない。

裏を返せば、母親にも同様のことがいえる。そのような父親へのまなざしは、翻って母親に家事・育児だけを期待せず、家庭の外で社会的に活動する役割を積極的に担うことを奨励することにつながる。というよりもむしろ、そもそもこの問題は女性の方から、男女間の不平等として提起されてきたものである。それは、これまで子育ての役割も担いつつ社会での活躍も期待され、母親が疲弊したことと同じ構造である。

子育てと対外的な資源獲得に関する男女平等化は、もともと性役割分業的性格が強かったヒトの男女が獲得しつつある、新たな関係性のあり方である。そのことは、「二次的対称性」の獲得と呼ぶべきものであろう。この二次的対称性の中身がどのような関係性を意味するかについて、夫婦間で丁寧な摺り合わせと協力が必要である。

たとえば、前述した「見えない家事」に潜む何気ない男女差別に気づき、それを改善するなどはその入り口となるだろう。先に第4章で、家庭内で家族がさまざまにアロマザリングを調整し合っていることを示したが、父親と母親が協力しているのが赤ちゃんの授乳と離乳、そして大きくなった子の保育所の送り迎えと勉強の面倒見であった。かたや、子どもの着替え、寝かしつけ、入浴、排泄など、赤ちゃんの身体の世話は母親がしばしば単独で行っていた。子どもが小さい時に、父親が身体接触をともなうその部分に積極的に参加することは、さらに絶大な効果を生むであろう。後述するように、社会もそれが容易に行えるような環境を父親に用意すべきである。

モノによるアロマザリングを使いこなす

育児具は、ヒトの子育てにおいて独自に発達した、アロマザリングの一部となる道具である。抱きや運搬を手でする代わりにおんぶひもやスリング、ベビーカーが普及しているし、産着や布団なども手で包み込む代わりである。ヒトの子育ては、昔からさまざまなモノに取り囲まれ、助けられてきた。玩具が子守代わりになったという経験がない親はいないし、最近はインターネットやパソコン、スマホといった情報ツールもその一翼を担っている。また哺乳瓶は、授乳という母親の身体機能を、いわば母親の分身として母体外でサポートするアロマザーである。

ただでさえ家の中で親子が別々の部屋に離れ、玩具や育児具で非接触となる機会が多いうえに、エアコンなどの家電製品やスマホの導入なども、生活の脱身体化を進めている。家庭はヒト独特の生活空間であり、その中で家族とモノを子どもの周りに配置するという意味でアロマザリングを補強し、二次的就巣性の子どもを母親から安全に分離することを実現してきた。

そのために異なる機能ごとに家庭空間を分割し、その用途に合わせ多様なモノを配して、家族の離合集散を調整している。家庭の空間の分節性とそれを利用した家族のプライバシー、あるいは団らんの場や就寝場所にみる離合集散性は、ヒトの個としての自立性の高さが目に見える形で現れた姿といえる。

幼い子どもの身体産生物を処理することは親に期待された行為であり、その際の不快感が子別れのバロメーターになることを第2章で示した。確かに便や尿などの排泄物や鼻汁や痰などの分泌物はあまり気持ちのいいものではないが、それは子どもの体調を知る重要な手がかりでもあり、また汚れたおむつを手で洗うというのは、親だからこそという自覚の源ともなる。かつて物干し竿におむつがはためく様は、その家に幼い子どもがいることのほほえましくも誇らしい目印であった。今はそれが紙おむつとなり、単に不潔な「ゴミ」として処理されるようになった。それは簡単で便利で清潔だが、一方でそのような子育ての身体的な実感を経験する機会を手放すことにもなっている。

子どもを抱いたりおぶったりして運ぶという行為も同じである。重いわが子を長時間にわたって抱き運ぶことは、腕がしびれ人によっては腱鞘炎《けんしょうえん》にもなるような重労働である。しかしその重さと温かさは、わが子の育ちのうれしい実感でもあるし、また抱いた時に伝わってくる子どもの微妙な動きや息づかい、体温・匂いから子どもの健康状態を察知することもできる。

抱きは手だけでなく、親子それぞれの四肢と胴体を総動員して行う複雑・微妙で高度な、全身による接触的コミュニケーションである。手による抱きにベビーカーがとって代わり、負担が軽減されたが、それによってそのようなコミュニケーションも同時に減少した。最近子どもをうまく抱けないことをかこつ母親が増加しているが、それはモノが介在するようになって、このような身体間の微妙なやりとりを体得する機会が減ったことと関係している。

離乳食を口でかみ砕いて与えるのは、かつてごく当たり前の子育て法だったが、親のむし歯菌がうつるのではと、最近は避ける人が多い。また昨今の新型コロナウイルスの流行において、三密の回避に込められた「接近・接触は危険」というメッセージは、おとなと子どもの身体同士を遠ざけた。

モノによる母子身体間の隔たりの増加は、こういう現代社会の一般的な脱身体化ともつながっているのかもしれない。このようにモノの導入は、ヒトの子育てにとって両刃の剣である。モノがもつこういった性質を正しく理解して、モノに使われるのではなく、それを賢く使いこなすことが大切である。

モノをうまく使いこなすとは

人工栄養、つまり粉ミルクと哺乳瓶は、ヒトの子育てをサポートするモノを象徴する文明の利器である。一口に人工栄養といっても、それは単なる単体のモノのことを指すのではない。先に触れたように、それは実にさまざまなヒトとモノとシクミの組み合わせによって可能となっている。育児具と他者、そしてそれが組み合わさったアロマザリング・システムが、親の子育てを補強するというのがヒトの子育ての一貫した特徴である。

このようなモノ・ヒト・シクミによる重層的なアロマザリングは、家庭、保育所、学校、病院などにおける育児、保育、教育、遊びその他子育てのあらゆる場面においてみられる。それらの複合システムの支えによって、ヒトの母子は多重的かつ安全に離れていられる。それこそがヒトのコソダテである。

このように、モノは私たちの子育てにとって重要なツールである。モノは通常、商品として企業によって開発・製造され、マーケットで販売される。親はその消費者であり、業者は買ってもらうためにそのニーズを調べ、商品の魅力をアピールする。その魅力は、必ずしも子どもにとって適しているか否かではなくて、しばしば「外観がかわいい」とか「操作が簡単」「軽い」など、購入者である親にとっての好ましさが優先される。

しかし、子どもの身体や心理・行動への適合性が後回しにされると、子どもにとってはしっくりとなじめず、また事故の可能性も高まりかねない。購入時点では問題がないが、子どもの成長後にそういった不整合の問題が露わになってくることもあるだろう。モノは生身の人間と違い、子どもとの間に五感を通じた楕円モデルの繊細な駆け引きを生み出すこともない。モノの選び方によって子育てのあり方が大きく左右されるので、親子にとって真に望ましいモノを選ぶ識別眼が親に求められている。

もともと身体的要因が保障していた母子の関係が、モノの導入による隔たりの過剰で希薄化するおそれがある。それと反対に、モノを遠ざけることで母子の求心性が過大化し、家族や地域におけるモノのアロマザリング機能が痩せ細ってくるようなことがあれば、それも問題である。個々のシステム内では適切な隔たりであっても、それが複合されることによって干渉や増幅をし合い、結果的に不適切な隔たりとなることもありえる。

モノを開発し商品化する者もそれを使う者も、ともにそういったリスクをよく自覚し、子どもへの適合性に細心の注意を払うことが必要である。反対に身体の重要性を自覚して子育てを行い、それと合致するように上手にモノを導入することを心がければ、そのモノは貴重なアロマザーとして親の子育てを大いに助けてくれるであろう。このように、子育てのある部分をモノのアロマザリング機能に委ねることには功罪両面がある。そのことをよく自覚し、俯瞰的な視点によって近接と隔たりが総合的にみて適切にバランスされるような配慮が求められる。

安心して子どもを手放せる人間関係を

ここでは、父親とモノによるアロマザリングに焦点化して論じてきたが、拡張して考えれば、図3－4（九〇ページ）でみたような求心性と遠心性のダイナミックな関係という、親のライフスタイルの選択の問題へとつながっていく。それは、アロマザリングを子別れと結びつけて考察することでもある。

プル型の遠心性であるアロマザリングと、プッシュ型の遠心性である子別れとは、現象としては別物である。しかし実は、アロマザリングが成立するためには、母親が子どもを自分の手元から離し、信頼できる他者やモノに安心して委ねる必要がある。いくら周囲のヒトやモノに向かって子どもが母親から離れようとしても、母親がそれを許容して子どもを手放さなければ分離は成立しない。また逆に、いかに母親が子どもを離そうとしても、子どもが母親から離れることを受け入れなければ、同様に分離は成立しない。母親も子どもも相手に近づこうとする求心性と、相手から離れようとする遠心性を絶えずもっており、それがバランスしなくてはならない。

アロマザリングの成立は、子どもにとっては母親以外の養育者に守られることであるが、母親にとっては子どもから解き放たれる子別れのチャンスでもある。言い方をかえれば、アロマザリングは母親が子どもの分離を期待している時に成立しやすい。したがって、これまで性質の違う二つの遠心性として区別して取り扱ってきた子別れとアロマザリングは、その意味では一体化して考察すべきものなのである。

求心性と遠心性の問題にしても、ヒトによるアロマザリングとモノによるアロマザリングの問題にしても、個々バラバラに存在するのではなく、現実には相互に関連しつつ複合して働いている。母親が子育てを抱え込まないためには、このように家庭・親だけではなく周囲のヒト・モノ環境まで視野に入れて、子どもの育ちを考える必要がある。

3　子育てに多様性を認める

人と文化、社会という広がり

心理学者のブロンフェンブレンナーは、生態学的視点から、子どもの発達におけるマイクロシステム（身の回りで直接的に子どもに影響する場面）、メゾシステム（複数のマイクロシステムの相互関係）、エクソシステム（子どもに重要な影響を与える間接的な場面）、マクロシステム（それらを背後で包含するシステム）という異なる水準の入れ子システムを考えた（Bronfenbrenner 1979）。のちに時間変化の文脈（クロノシステム）が加えられたが、全体をカバーするマクロシステムを代表するものに文化があり、それが下位を構成する個々の要素をつなぎ統合している。

アロマザリングは、単にそれを与える者と受け取る者の二者関係ではない。母親と複数のアロマザーが多者的に関わり合う複合的なネットワークなのだ。ケアしている者とケアされる者の視線の交錯はもとより、そのネットワークの中では、アロマザーに対してそれを取り巻く者の視線と、その視線にアロマザーが返す視線の交錯もある。

また、そういった子育て当事者やそれを取り巻く者によるネットワーク以外に、より大きな社会や文化の枠組みも子育てを規定している。言いかえれば、マイクロシステム、メゾシステム、エクソシステム、マクロシステムのすべてのレベルが関与している。そのような広がりの中で、抱え込まない子育てが実現されている。

実生活から子育て文化をとらえる

アタッチメント研究に、ストレンジ・シチュエーションという有力なツールがある。この手続きは、実験室に子どもを入れ、あらかじめ決められたスケジュールで母親や見知らぬ人が子どものそばから離れたり、そばに戻ったりして、そのつど子どもの反応をチェックするというものである。同一の手続きのもとで異なる母子が比較できるため、その手法は文化比較にも重宝され、これを用いて実際にアタッチメント・タイプの文化差が次々と指摘されてきた。

この手続きは、イギリスの家庭でみた寝かしつけ方に似ている。イギリスの家庭観察では、親はまだ起きている子どもをベッドに押し込み、布団を掛け、電気を消し、ドアを閉めて出ていく。子どもは子ども部屋に一人取り残され、寂しさと恐れでひとしきり泣くものの、親は戻ってきてくれないので諦めて、まもなく寝てしまう。強制分離が日常茶飯事なのである。

そもそもこうした経験を日頃自宅で繰り返している西欧の子どもに比べ、日本の子どもは添い寝し抱き揺すりされるなど、子ども中心で優しく身体接触を保ったまま寝かしつけられる。したがって、ストレンジ・シチュエーションのような方法は、日本の子どもにとってはストレスが大きい。また子どものために尽くすことを美徳とする日本の母親にとっても、葛藤の大きな場面といえる。この手法で明らかにされたものは、みようによってはそのような圧迫的手続きに対する子どもの耐性の文化差でもあった。このように、何が子育ての文化差であるかを議論するには、注意が必要である。

それに対し、本書で紹介した日英の子育て比較や多良間島のコソダテの変遷の研究は、自然観察的手法が基本であった。それらの結果は、子育てがモノやヒトの重層的なシステムとして、文化そのものであることを如実に示していた。またその文化は、生活環境の生態学的要因を背景にして、それぞれの時代や土地の社会制度、産業、保健医療、保育・教育システムや家族、夫婦、職場や地域のあり方として体現されたものでもあった。

子どもの睡眠は、安定した母子分離がまとまった時間で確保できるという意味において、親にとって願ってもない安息の場面である。近すぎると相手の存在がうっとうしくなり、離れると寂しくなるというヤマアラシのジレンマにとって、それを親中心的に解消すれば、子どもが泣いても一人で寝かせるという別寝が選ばれやすく、子ども中心的に解消すれば、なるべく子どもに添い寝してやるという共寝が選ばれやすくなる。

第4章で論じた、日英の親中心主義(親主導性)と子中心主義(子主導性)の違いは、子育てという親の限られた資源をめぐる親子間でのせめぎ合いの場における、親の異なった選択肢であった。しかしそれは、日英の母親がすっぱりと二値的に色分けされることを意味するものではない。

離乳の全国調査の研究で示されたように、子ども中心主義型の日本にも、親中心主義の母親と子ども中心主義の母親が、二〇年間一貫して一定の比率で存在していた。専門家による離乳指導や雇用形態の時代変化という環境要因に対しても、母子は単に右にならえで受動的に影響されるのではなく、その主義の違いに応じて異なる反応を示していた。そして社会には実際に、子からの自発的離乳を薦める卒乳の立場と、親の主導による断乳の立場が併存していた。

逆に西欧の社会にも、母親中心で考える統制型と子ども中心で考える受容型の親がともにいると指摘されている(Raphael-Leff 1983)。つまり、どちらの文化にも両タイプの母親がいるのであって、その比率が文化によって異なるだけなのである。

社会のこのような混合戦略状態を考えれば、何かの単一項目における平均値を単純に比較することによって文化を論じることは、危うい議論だとわかる。母子関係や離乳指導だけで議論を完結させず、母親の主体性を具体的な生活文脈において理解する必要がある。それは、女性自身の生き方の選択やそれへの社会の支援・制限要因も視野に入れて考察することに他ならない。

このような個人差を多様な混合戦略の表現型であるとするならば、価値観が異なる相手との違いは違いとして大らかに受容しつつ、相互に差異性と共通性を認め合うべきである。抱え込まない子育てのためには、自分と考えを異にする他者の子育てに対し寛大であり、そうした多様性に開かれていることが大切である。また自分自身が特定の子育てスタイルに固執せず、柔軟にそれを変更しうるおおらかさをもつ必要がある。多様性を尊重し、マイノリティを無視しないということは、親が、自分と異なる主張をして衝突する子どもを、個として尊重することと同じ発想である。それはおとなと子どもの共生につながる考え方である。

4　子育てに優しい社会の実現

これまでヒトの子育ての特徴と困難、そしてその解消を発達行動学的に考えてきた。そして「個体」としての次元から、それを取り巻くモノやヒト、もしくはその組み合わせの「アロマザー」の関与の次元、さらに「文化」の次元へと議論を積み上げてきた。本書の最後にあたり、抱え込まない子育てについて、当事者である親子とアロマザーの側ではなく、それを包み込む社会の側にどのような方略があるかについて考えてみたい。

地域の多様なつながりを利用する

昔は井戸端や公衆浴場などという場所で日常から自然に隣近所のつき合いが成立していた。あるいは、共同の農作業など労働の場でも、交流がもたれていた。そういう接点のような場所がなくなった今でも、電車の中などで年配者が見知らぬ赤ちゃんを抱いた母親に気さくに話しかけるといった光景にはしばしば遭遇する。他者に対して子どもがもつ引力である。

守姉も含め隣人も頼れるアロマザーとなりえるし、それが子育て経験者ならばなおさらである。また地域のアロマザリングとしてヒトに特徴的なことは、いうまでもなく保育士・教師や医師などの専門家が存在することである。その人たちは専門的知識と技術をもち、保育や教育、医療を子どもに行う。また保育所には一時預かりのサービスもあるし、幼い園児に興味を持って遊びかける年長児という潜在的なアロマザーもいる(図6-3)。

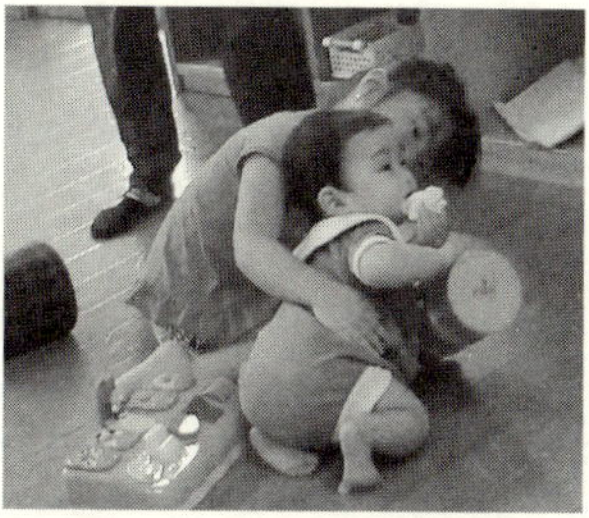

図6-3 0歳児の顔を拭く5歳の女児

最近は近隣づきあいが減って、親同士の横のネットワークが痩せ細り、地域のアロマザリングが貧弱になってきている。その代わりにインターネットが一種のアロマザリング・システムとして活用されている。

しかしそれは匿名による情報であることが多く、しかもバーチャルなので、実際に膝を交え、手を取り合う支援ではない。言いかえると、身体性を欠いている。そこで交わされる情報は噂や憶測であることも少なくないし、ちょっとしたきっかけで炎上したり、暴力化する怖さもある。何よりも親を地域に引き出す力になりにくく、それどころか逆に家庭にこもらせてしまうことにもなる。

インターネットなどの情報や交流が有効な場合ももちろんあるが、それは実際のリアルな交流や仲間づくりへとつながるためのきっかけとして考えることが大切だ。地域の育児力を活性化させるために、近隣でリアルなアロマザリング・ネットワークを興すことが求められるし、実際すでに地域にはさまざまな実践活動が存在する。

たとえば地域で親同士が血縁を超えて集まり、子育てをシェアし合う「拡張家族」と呼ばれる活動や、病気の子どもを預かる病児保育、入院児の保育をする病棟保育やチャイルド・ライフ・スペシャリストなどが、その例としてあげられる。シェアハウスや共同住宅の同居人なども疑似家族的なつき合いの中でアロマザリングしてくれる可能性があるし、子ども食堂や子ども会に関わるおとなや、地域の少年野球、サッカーのコーチ、冒険遊び場のプレイリーダーなどもそういう人たちである。

すでに子育て経験が豊富にあり、健康で自由時間をたくさんもつ定年退職者などはアロマザーのよき候補であり、そういう人々が忙しい親に代わって子どもの世話をする「ファミリー・サポート」のようなボランティア活動は大いに推奨できる。そのようにして公助的に、母子や家族を取り巻く社会システムを改良することは、「ハードな制度の整備」といえる。それらさまざまなアロマザーの存在が受け皿となって、親が一息つけるとともに、子どもも親以外の他者に触れて社会性が促進される。

親が子育てを抱え込まないためには、それ以外にも、制度の改革によるのではない「ソフトなつながりの整備」という取り組みがあるであろう。これは共助的な取り組みである。地域の住民同士が声かけし、手を差し伸べ合うような、垣根の低い関係の構築である。草の根の運動として、社会全体がアロケア・マインドをもつ状態といってもいい。それは、小さい子どもをもつ母親に街で気さくに声かけしたり、その家庭を気軽に訪問したり、といった何気ないつながりから始まるものであろう。そのような優しさの中に、この柔らかなつながりを形成する原動力が備わっている。

母子の葛藤を小さくする社会へ

親は親である前に個人であり、個人の生活に子育てが上乗せされている。子育てだけで生活が完結しているわけでなく、仕事や家事など、子育て以外のことをこなしつつ、子どもの世話も行う。前出の図3－4で、向子と向子以外のコンフリクトとして考えたのはそういうことであった。裏を返せば、子どもにも同じことがいえるので、親子の間に共調整の駆け引きが生じるのである。

向子と向子以外との矛盾をはらんだやりとりは母親に葛藤を引き起こすが、その葛藤をつくるのも縮小・解消するのも社会が用意し提供するシクミである。これまで本書で考えてきたのは、向子と向子以外の時間の比率自体はそのままにして、いかに当事者である親がその葛藤を解消するかであった。そのような解決法以外にも、たとえば社会の側が子育て中の親の就労環境を改良することなどにより、向子と向子以外の時間配分を変えるという方法があるに違いない。

言いかえれば、社会のシステムを改造することで、子育てと子育て以外のギャップを縮小し、それによって「矛盾を最小化する」という方式である。たとえば、幼い子どもをもつ母親の就労条件を緩和するとか、仕事しつつ育児できるような職場環境にするといったことなどがそれにあたる。同時に、父親を家庭外で活動する方向に過剰に引っ張らないように、たとえば残業の制限や男性の育休制度の充実など、状況を緩和する仕組みを社会の側がつくることでもある。

つまり、働く父母と子どもにフレンドリーな社会を構築し、両親の向子と向子以外の矛盾を縮小することに他ならない。仕事か育児かという二項対立の構図にしてしまっている原因の一つは、その対立構造をそのままにして、葛藤の解消を母親個人や子育てをしている家族の努力に委ねてしまう社会の側にある。このようにして社会の仕組みのハードを変えることは、公助的に対立構造そのものを小さくすることである。

遠心性をふまえたコソダテを

本書の問題意識の発端は、ヒトという霊長類がなぜ子育てに多くの困難を抱えているのか、という問いにあった。ヒトは霊長類としての進化の中で、個としての自由度の高さ（自律性）と、子どもの保護（関与性）をともに強めてきた。ヒトにおける子どもの保護と個の自律という二つの矛盾する志向性が、母子が離れつつ保護するというアンビバレントな性質を生んでいるという理解に至った。

それぞれは優れた性質であるにもかかわらず、子どもを保護しながら同時に個としての自由度を強めることから親子に葛藤や衝突が生まれ、調整や妥協が必要となり、それが子育てを困難なものにする大きな要因であると考察された。この矛盾がヒトの子育ての悩ましさの根底にある。

この問題は究極的に、ヒトの母子の遠心性を社会全体がどのように受けとめ、それにどう対応するかということにかかっている。遠心性という視点は、求心性とともにコソダテを支える両輪である。親も子も、ともに子育てと子育て以外の二律背反を抱えている。それがあることで親子にダイナミックな共調整が生まれるとともに、個としての自由度も確保される。求心性のみに焦点化すると、その重要性がみえなくなってしまう。

ヒトの子どもの本性をふまえつつ、私たちがそれと整合する社会をどのように構築するのか、それを考え実現することがチャイルドドリブの子育てである。そういう社会が適切に実現されているか、大所高所から検証するのが、こども家庭庁のような行政機関であり、また発達行動学などをふまえた大学・研究所などの研究機関の役割であろう。本書は、そのためのガイドブックともなることを期待したい。

おわりに

子煩悩とは子どもを非常にかわいがることであるが、そもそも煩悩には悩み苦しむという意味がある。子どもは単にかわいいだけではなく、したたかさもある。そして、そのしたたかさが親を悩ませる。このことを正しく理解しておかないと、子育ては困難なものになる。子どもも、ただかわいがられ守られるばかりでは、おとなと真に共生しているとはいいがたい。私たちは子育てに悩むサルである。ヒトの子育ての困難さとその解消法について、私たちの動物的本性をふまえて考察してみたい。本書はそんな思いから生まれた。

しばしば政治家は自らの価値観に従って、もしくはポピュリズムから、巷の素朴な期待に応えて世の中の仕組みを急進的に変えようとする。そこでは民意を引き寄せるために、しばしば単純化された強い論調が用いられる。子育ての姿は時の権力者の思惑によって大きく左右されうるが、親子関係の正しい理解に裏づけられていなければ、それは危ういことであり、結果として親と子を苦しめることになる。

本書では、ヒトに存在するさまざまな問題の重要な切り口である子育てとその困難について、母親と子どもの間にごく普通にみられる「遠心性」という切り口に光を当て、多面的・重層的に検討した。それは、一人で子育てを抱え込むことから親を解放し、子どもと親の苦しみを軽減するものである。その試みによって、ヒトの子育てに新たな視座を与えることができたと考えている。

私が本書のために筆をとりはじめたのは、東京女子大学名誉教授の柏木惠子先生が執筆を勧めてくださったことがきっかけである。それからかれこれ二年で本書が完成したことは、先生の激励によるところが大きいが、私が大学を退職して時間が比較的自由になったことも幸いした。また本書では、サルとの比較においてヒトの子育てを考えることを常に心がけたが、これは私が大阪大学の学生・助手として、糸魚《いとい》川《がわ》直祐《なおすけ》先生のもとでニホンザルとヒトの子育ての研究を行ったことと切り離せない。両先生に心から感謝したい。

その他、イギリスでの研究を可能にしてくださったエディンバラ大学のコルウィン・トレヴァーセン先生(二〇二四年七月逝去)とストラスクライド大学のジョナサン・デラフィールド＝バット先生、多良間島での研究を支え続けてくださっている佐久本千恵子先生と島民の皆様、保育園での観察研究を長年にわたって受け入れてくださっている高杉敏江先生はじめ、保育士と保護者の皆様にも大変お世話になった。そして私の研究着想の源であり、その主張のよき理解者であり、さらにその検証の場にもなってくれた私の家族にもお礼を言わねばならない。

本書の執筆にあたっては、企画段階から一貫して岩波書店の田中宏幸氏にひとかたならぬお世話になった。氏は本書の主張を、子育て経験者が自分の子育てを納得し、またより広い読者が親子関係や子どもの本質を考え直すきっかけになるものと受けとめ、丁寧かつ適切にアドバイスと修正提案をしてくださった。ついあれこれと盛り込みたくなってもつれかかった論旨は、いつも氏の的確な助言によって大いに改善された。筆を擱《お》くにあたり、そのことに深甚なる謝意を捧げたい。

二〇二四年七月一七日　カンナ咲く所沢の自宅にて

根ヶ山光一

参考文献

池田透・塚田英晴(1995)「動物の子別れ総論――哺乳類特に食肉類を中心に」根ヶ山光一・鈴木晶夫編著『子別れの心理学――新しい親子関係像の提唱』福村出版，pp. 78-92.
石島このみ・白石優子・根ヶ山光一(2019)「大人がいだく子ども像」根ヶ山光一・外山紀子・宮内洋編著『共有する子育て――沖縄多良間島のアロマザリングに学ぶ』金子書房，pp. 66-78.
伊谷純一郎(1972)『霊長類の社会構造』共立出版.
伊谷純一郎(1987)『霊長類社会の進化』平凡社.
大藤ゆき(1996)『児やらい――産育の民俗』岩崎美術社.
掛札逸美(2024)「事故，ケガ」根ヶ山光一・外山紀子編著『からだがかたどる発達――人・環境・時間のクロスモダニティ』福村出版，pp. 83-96.
柏木惠子(1995)『親の発達心理学――今，よい親とはなにか』岩波書店.
柏木惠子(2001)『子どもという価値――少子化時代の女性の心理』中公新書.
柏木惠子(2011)『父親になる，父親をする――家族心理学の視点から』岩波ブックレット.
小島康生(2019)「就学前の子どもの対人的かかわり」根ヶ山・外山・宮内編著前掲書，pp. 116-130.
小島康生(2023)「迷子の発生にみる親子関係の発達」『こども環境学研究』第19巻2号，pp. 78-85.
近藤清美・山口創(2019)「幼稚園児と小学生のソーシャルネットワーク」根ヶ山・外山・宮内編著前掲書，pp. 134-147.
坂上裕子(2005)『子どもの反抗期における母親の発達――歩行開始期の母子の共変化過程』風間書房.
佐々木正人(1987)『からだ：認識の原点』東京大学出版会.
沢山美果子(2017)『江戸の乳と子ども――いのちをつなぐ』(歴史文化ライブラリー)吉川弘文館.
菅野幸恵(2001)「母親が子どもをイヤになること――育児における不

快感情とそれに対する説明づけ」『発達心理学研究』第12巻1号，pp. 12-23.
高橋惠子(2010)『人間関係の心理学――愛情のネットワークの生涯発達』東京大学出版会.
陳省仁(2010)「祖父母によるアロマザリング」根ヶ山光一・柏木惠子編著『ヒトの子育ての進化と文化――アロマザリングの役割を考える』有斐閣，pp. 231-245.
根ヶ山光一(1987)「母子関係と繁殖――その実験的究明の試み」糸魚川直祐・藤井尚教・根ヶ山光一『繁殖行動と適応戦略――ニホンザル集団を中心に』pp. 128-191，東海大学出版会.
根ヶ山光一(1997)「子どもの顔におけるかわいらしさの縦断的発達変化に関する研究」『人間科学研究』第10巻1号，pp. 61-68.
根ヶ山光一(2001)「子どもの身体から発せられるものへの親による嫌悪の発達的変化」『ヒューマンサイエンス』第13巻2号，pp. 2-13.
根ヶ山光一(2002)『発達行動学の視座――〈個〉の自立発達の人間科学的探究』金子書房.
根ヶ山光一(2010)「巨大地震への対応にみられる親子関係――子別れの観点からの検討」『発達心理学研究』第21巻4号，pp. 386-395.
根ヶ山光一(2012)『アロマザリングの島の子どもたち――多良間島子別れフィールドノート』新曜社.
根ヶ山光一(2020)「離島と都市部における小学生の事故と教師による対応――災害報告書の分析から」『こども環境学研究』第16巻1号，pp. 118-123.
根ヶ山光一(2021)『「子育て」のとらわれを超える――発達行動学的「ほどほど親子」論』新曜社.
根ヶ山光一(2023)「日本における離乳指導と母親による選択の推移(1997年～2017年)」『乳幼児医学・心理学研究』第32巻1号，pp. 51-62.
根ヶ山光一(2024)「からだと同期――離乳食場面における母親の共感的開口から」根ヶ山・外山編著前掲書，pp. 32-46.
根ヶ山光一・河原紀子・福川須美・星順子(2008)「家庭と保育園における乳幼児の行動比較――泣きを手がかりに」『こども環境学研究』

第4巻3号, pp. 41-47.
根ヶ山光一・外山紀子・宮内洋編著(2019)『共有する子育て――沖縄多良間島のアロマザリングに学ぶ』金子書房.
長谷川まゆ帆(2004)『お産椅子への旅――ものと身体の歴史人類学』岩波書店.
Abraham, E., Hendler, T., Shapira-Lichter, I., Kanat-Maymon, Y., Zagoory-Sharon, O., & Feldman, R.(2014) 'Father's brain is sensitive to childcare experiences', *Proceedings of the National Academy of Sciences, of the United States & America* 111(27), pp. 9792-9797.
Ampofo-Boateng, K., Thomson, J. A., Grieve, R., Pitcairn, T., Lee, D. N., & Demetre, J. D.(1993) 'A developmental and training study of children's ability to find safe routes to cross the road', *British Journal of Developmental Psychology*, 11(1), pp. 31-45.
Bateson, P.(1994)'The dynamics of parent-offspring relationships in mammals', *Trends in Ecology & Evolution*, 9(10), pp. 399-403.
Ben Shaul, D. M.(1962)'The composition of the milk of wild animals', *International Zoo Yearbook*, 4, pp. 333-342.
Bronfenbrenner, U.(1979) *The Ecology of Human Development: Experiments by Nature and Design*, Harvard University Press. ブロンフェンブレンナー, U.(1996)『人間発達の生態学(エコロジー)――発達心理学への挑戦』磯貝芳郎・福富護訳, 川島書店.
Chisholm, J. S.(1978)'Swaddling, cradleboards and the development of children', *Early Human Development*, 2(3), pp. 255-275.
Daly, M., & Wilson, M.(1983)*Sex, Evolution, and Behavior*(*2nd ed*), Wadsworth Publishing Company.
Danielsbacka, M., Tanskanen, A. O., Jokela, M., & Rotkirch, A.(2011) 'Grandparental child care in Europe: Evidence for preferential investment in more certain kin', *Evolutionary Psychology*, 9(1), pp. 3-24.
Dawood, M. Y., Wang, C. F., Gupta, R., & Fuchs, F.(1978)'Fetal contribution to oxytocin in human labor', *Obstetrics and Gynecology*, 52(2), pp. 205-209.
Donath, O.(2017)*Regretting Motherhood: A study*, North Atlantic Books.

ドーナト，O.(2022)『母親になって後悔してる』鹿田昌美訳，新潮社.

Feldman, R.(2003)'Infant-mother and infant-father synchrony: The coregulation of positive arousal', *Infant Mental Health Journal*, 24(1), pp. 1-23.

Field, T.(2019)'Social touch, CT touch and massage therapy: A narrative review', *Developmental Review*, 51, pp. 123-145.

Goodall, J.(1986)*The Chimpanzees of Gombe: Patterns of Behavior*, Harvard University Press. グドール，ジェーン(1990)『野生チンパンジーの世界』杉山幸丸・松沢哲郎監訳，ネルヴァ書房.

Grant, T.(1984)*The Platypus*, New South Wales University Press.

Haig, D.(1999)'Genetic conflicts of pregnancy and childhood', S. C. Stearns(Ed.), *Evolution in Health and Disease*, Oxford University Press, pp. 77-90.

Hall, E. T.(1966)*The Hidden Dimension*, Doubleday & Company, Inc.. ホール，エドワード・T.(1970)『かくれた次元』日高敏隆・佐藤信行訳，みすず書房.

Hays-Grudo, J., & Morris, A. S.(2020)*Adverse and Protective Childhood Experiences: A Developmental Perspective*, American Psychological Association. ヘイズ＝グルード，ジェニファー／モリス，アマンダ・シェフィールド(2022)『小児期の逆境的体験と保護的体験——子どもの脳・行動・発達に及ぼす影響とレジリエンス』菅原ますみ・榊原洋一・舟橋敬一・相澤仁・加藤曜子監訳，明石書店.

Hewlett, B., & Lamb, M. E.(2005)*Hunter-gatherer Childhoods; Evolutionary, Developmental & Cultural Perspectives*, Routledge.

Jenni, O. G., Fuhrer, H. Z., Iglowstein, I., Molinari, L., & Largo, R. H.(2005)'A longitudinal study of bed sharing and sleep problems among Swiss children in the first 10 years of life', *Pediatrics*, 115(1), pp. 233-240.

Karasik, L. B., Adolph, K. E., Tamis-LeMonda, C. S., & Zuckerman, A. L.(2012)'Carry on: Spontaneous object carrying in 13-month-old crawling and walking infants', *Developmental Psychology*, 48(2), pp.

389–397.

Kleiman, D. G., & Malcolm, J. R.(1981)'The evolution of male parental investment in mammals', Gubernick, D. J. & Klopfer, P. H.(eds.), *Parental Care in Mammals*, Plenum, pp. 347–387.

Kramer, K. L.(2010)'Cooperative breeding and its significance to the demographic success of humans', *Annual Review of Anthropology*, 39, pp. 417–436.

Lansford, J. E., Wager, L. B., Bates, J. E., Pettit, G. S., & Dodge, K. A. (2012)'Forms of spanking and children's externalizing behaviors', *Family Relations*, 61(2), pp. 224–236.

Lewis, C.(1986) 'The role of the father in the human family', Sluckin, W., & Herbert, M.(eds.)*Parental Behaviour*, Blackwell Publishers, pp. 228–258.

Maier, R. A., Holmes, D. L., Slaymaker, F. L., & Reich, J. N.(1984) 'The perceived attractiveness of preterm infants', *Infant Behavior & Development*, 7(4), pp. 403–414.

Marvin, R., Cooper, G., Hoffman, K., & Powell, B.(2002)'The circle of security project: Attachment-based intervention with caregiver-preschool child dyads', *Attachment and Human Development*, 4(1), pp. 107–124.

Maynard Smith, J.(1982)*Evolution and the Theory of Games*, Cambridge University Press. メイナード-スミス，J.(1985)『進化とゲーム理論――闘争の論理』寺本英・梯正之訳，産業図書.

McHale, J. P.(1997)'Overt and covert coparenting processes in the family', *Family Process*, 36(2), pp. 183–201.

Mileva-Seitz, V. R., Bakermans-Kranenburg, M. J., Battaini, C., & Luijk, M. P. C. M.(2017)'Parent-child bed-sharing: The good, the bad, and the burden of evidence', *Sleep Medicine Reviews*, 32, pp. 4–27.

Morris, A. R., Turner, A., Gilbertson, C. H., Corner, G., Mendez, A. J., & Saxbe, D. E.(2021)'Physical touch during father-infant interactions is associated with paternal oxytocin levels', *Infant Behavior and Development*, 64, 101613.

Napier, J. R., & Napier, P. H. (1985) *The Natural History of the Primates*, The MIT Press.

Negayama, K. (1981) 'Maternal aggression to its offspring in Japanese monkeys', *Journal of Human Evolution*, 10(7), pp. 523–527.

Negayama, K., Negayama, T., & Kondo, K. (1986) 'Behavior of Japanese monkey (*Macaca fuscata*) mothers and neonates at parturition', *International Journal of Primatology*, 7(4), pp. 365–378.

Negayama, K. (2000) 'Development of parental aversion to offspring's bodily products: A new approach to parent-offspring relationships', *Annual Report of Research and Clinical Center for Child Development*, 22, pp. 51–58.

Negayama, K., Norimatsu, H., Barratt, M., & Bouville, J.-F. (2012) 'Japan-France-US comparison of infant weaning from mother's viewpoint', *Journal of Reproductive & Infant Psychology*, 30(1), pp. 77–91.

Negayama, K. & Trevarthen, C. (2022) 'A comparative study of mother-infant co-regulation of distance at home in Japan and Scotland', *Infant Behavior & Development*, 68, 101741.

Otto, H., & Keller, H. (eds.) (2014) *Different Faces of Attachment: Cultural Variations on a Universal Human Need*, Cambridge University Press.

Pelchat, M. L., & Rozin, P. (1982) 'The special role of nausea in the acquisition of food dislikes by humans', *Appetite*, 3(4), pp. 341–351.

Plumert, J. M. (1995) 'Relations between children's overestimation of their physical abilities and accident proneness', *Developmental Psychology*, 31(5), pp. 866–876.

Plumert, J. M., & Schwebel, D. C. (1997) 'Social and temperamental influences on children's overestimation of their physical abilities: Links to accidental injuries', *Journal of Experimental Child Psychology*, 67(3), pp. 317–337.

Raphael-Leff, J. (1983) 'Facilitators and regulators: Two approaches to mothering', *British Journal of Medical Psychology*, 56(4), pp. 379–390.

Reddy, V. (2000) 'Coyness in early infancy', *Developmental Science*, 3(2),

pp. 186–192.
Rozin, P., Hammer, L., Oster, H., Horowitz, T., & Marmora, V. (1986) 'The child's conception of food: Differentiation of categories of rejected substances in the 16 months to 5 year age range', *Appetite*, 7 (2), 141–151.
Schwartz, G. G., & Rosenblum, L. A. (1983) 'Allometric influences on primate mothers and infants', Rosenblum, L. A., & Moltz, H. (eds.) *Symbiosis in Parent-Offspring Interactions*, Plenum Press, pp. 215–248.
Sear, R., & Mace, R. (2009) 'Family matters: Kin, demography and child health in a rural Gambian population', Bentley, G. R., & Mace, R. (eds.) *Substitute Parents: Biological and Social Perspectives on Alloparenting in Human Societies*, Berghahn, pp. 50–76.
Stern, D. N., Jaffe, J., Beebe, B., & Bennett, S. L. (1975) 'Vocalizing in unison and in alternation: Two modes of communication within the mother-infant dyad', *Annals of the New York Academy of Sciences*, 263 (1), pp. 89–100.
Trivers, R. L. (1974) 'Parent-offspring conflict', *American Zoologist*, 14 (1), pp. 249–264.
Varendi, H., Porter, R. H., & Winberg, J. (1994) 'Does the newborn baby find the nipple by smell?', *The Lancet*, 344, pp. 989–990.
Winnicott, D. W. (1953) 'Transitional objects and transitional phenomena', *The International Journal of Psycho-analysis*, 34, pp. 89–97.

根ヶ山光一

1951年香川県生まれ
大阪大学大学院文学研究科心理学専攻博士課程退学．博士(人間科学)
大阪大学人間科学部助手，武庫川女子大学家政学部助教授，早稲田大学人間科学学術院教授などを経て，
現在―早稲田大学名誉教授，NPO法人保育：子育てアドバイザー協会理事長，日本乳幼児医学・心理学会理事長
専攻―発達行動学
著書―『発達行動学の視座』(金子書房)，『「子育て」のとらわれを超える』(新曜社)，『アロマザリングの島の子どもたち』(新曜社)
共著―『共有する子育て』(金子書房)，『からだがかたどる発達』(福村出版)，『ヒトの子育ての進化と文化』(有斐閣)ほか多数

抱え込まない子育て
―発達行動学からみる親子の葛藤　岩波新書(新赤版)2037

2024年10月18日　第1刷発行

著　者　根《ね》ヶ《が》山《やま》光一《こういち》

発行者　坂本政謙

発行所　株式会社 岩波書店
〒101-8002 東京都千代田区一ツ橋2-5-5
案内 03-5210-4000　営業部 03-5210-4111
https://www.iwanami.co.jp/

新書編集部 03-5210-4054
https://www.iwanami.co.jp/sin/

印刷・三陽社　カバー・半七印刷　製本・中永製本

ISBN 978-4-00-432037-1　Printed in Japan

岩波新書新赤版一〇〇〇点に際して

ひとつの時代が終わったと言われて久しい。だが、その先にいかなる時代を展望するのか、私たちはその輪郭すら描きえていない。二〇世紀から持ち越した課題の多くは、未だ解決の緒を見つけることのできないままであり、二一世紀が新たに招きよせた問題も少なくない。グローバル資本主義の浸透、憎悪の連鎖、暴力の応酬――世界は混沌として深い不安の只中にある。

現代社会においては変化が常態となり、速さと新しさに絶対的な価値が与えられた。消費社会の深化と情報技術の革命は、種々の境界を無くし、人々の生活やコミュニケーションの様式を根底から変容させてきた。ライフスタイルは多様化し、一面では個人の生き方をそれぞれが選びとる時代が始まっている。同時に、新たな格差が生まれ、様々な次元での亀裂や分断が深まっている。社会や歴史に対する意識が揺らぎ、普遍的な理念に対する根本的な懐疑や、現実を変えることへの無力感がひそかに根を張りつつある。そして生きることに誰もが困難を覚える時代が到来している。

しかし、日常生活のそれぞれの場で、自由と民主主義を獲得し実践することを通じて、私たち自身がそうした閉塞を乗り超え、希望の時代の幕開けを告げてゆくことは不可能ではあるまい。そのために、いま求められていること――それは、個と個の間で開かれた対話を積み重ねながら、人間らしく生きることの条件について一人ひとりが粘り強く思考することではないか。その営みの糧となるものが、教養に外ならないと私たちは考える。歴史とは何か、よく生きるとはいかなることか、世界そして人間はどこへ向かうべきなのか――こうした根源的な問いとの格闘が、文化と知の厚みを作り出し、個人と社会を支える基盤としての教養となった。まさにそのような教養への道案内こそ、岩波新書が創刊以来、追求してきたことである。

岩波新書は、日中戦争下の一九三八年一一月に赤版として創刊された。創刊の辞は、道義の精神に則らない日本の行動を憂慮し、批判的精神と良心的行動の欠如を戒めつつ、現代人の現代的教養を刊行の目的とする、と謳っている。以後、青版、黄版、新赤版と装いを改めながら、合計二五〇〇点余りを世に問うてきた。そして、いままた新赤版が一〇〇〇点を迎えたのを機に、人間の理性と良心への信頼を再確認し、それに裏打ちされた文化を培っていく決意を込めて、新しい装丁のもとに再出発したいと思う。一冊一冊から吹き出す新風が一人でも多くの読者の許に届くこと、そして希望ある時代への想像力を豊かにかき立てることを切に願う。

（二〇〇六年四月）